国土空间规划设计与管理研究

李　明◎著

辽宁人民出版社

图书在版编目(CIP)数据

国土空间规划设计与管理研究 / 李明著. —沈阳：
辽宁人民出版社, 2022.10
ISBN 978-7-205-10574-7

Ⅰ. ①国… Ⅱ. ①李… Ⅲ. ①国土规划－中国 Ⅳ.
①F129.9

中国版本图书馆 CIP 数据核字(2022)第 180453 号

出版发行：辽宁人民出版社
　　　　　地址：沈阳市和平区十一纬路 25 号　邮编：110003
　　　　　电话：024-23284321(邮　购)　024-23284324(发行部)
　　　　　传真：024-23284191(发行部)　024-23284304(办公室)
　　　　　http://www.lnpph.com.cn
印　　刷：辽宁新华印务有限公司
幅面尺寸：170mm×240mm
印　　张：11
字　　数：165 千字
出版时间：2022 年 10 月第 1 版
印刷时间：2022 年 10 月第 1 次印刷
责任编辑：张天恒　王晓筱
装帧设计：中知图印务
责任校对：刘再升
书　　号：ISBN 978-7-205-10574-7
定　　价：58.00 元

前　言

　　自然资源不仅是生态系统的重要组成部分,也是生态文明建设的物质基础、能源来源、空间载体和关键要素,人们为了生存和发展,对各种资源特别是自然资源进行开发,对自然环境进行改造,均属国土开发整治的内容,从这个意义上可以说,人类的历史,就是对国土进行开发与整治的历史。

　　进入21世纪以来,全球工业化和城市化进程加快,许多国家城市规模和空间需求快速增长,地面和地上空间开发利用逐渐饱和,土地资源越来越紧张,同时,城市人口膨胀、空间拥挤、交通阻塞、绿地减少、基础设施落后、生活环境恶化、工农业及生活废物的乱排乱放等在很多国家和地区表现出来,新形势、新情况使得城市在向地面和地上空间发展的同时,也在努力寻求向地下空间发展,地下空间的开发利用可以有效地提高土地利用率、节约土地资源、扩充城市容量、缓解交通压力、完善基础设施、强化城市功能、增加城市绿地、保护人文景观、节约能源、减少环境污染等,已成为人类在有限的地球上扩大生存空间、改善生态环境唯一实现的途径,对人类社会未来发展有着难以估量和不可替代的重要意义,综合利用国土空间是国土资源开发的必由之路。

　　国土资源管理要坚持以党的十九届系列全会精神为指导,深入贯彻中央经济工作会议精神,坚持"尽职尽责保护国土资源、节约集约利用国土资源、尽心尽力维护群众权益"的职责定位,以创新理念增强国土资源事业发展新动力,以协调理念构建国土资源保护开发新格局,以绿色理念开辟国土资源永续利用新途径,以开放理念拓展国土资源合作发展新空间,以共享理念实现国土资源惠民利民新成效,为实现中国梦奠定更加坚实的资源保障基础。

国土开发整治工作不仅在全国建立了声誉,站住了脚跟,而且已经从起步、试点,转入全面展开的新阶段。但总的来讲,我国的国土工作,尚处于探索、试验的幼年时期,国土开发整治的重要意义尚未被广大人民充分认识,国土开发整治的基本理论、基本概念有待进一步研究和明确,国土开发整治的内容、深度、广度、模式等,需要在实践的基础上不断地总结和深化。

目　录

第一章 绪论

第一节 国土空间规划设计

一、任务内容要求

(一)规划任务

1. 明确战略目标

落实区域发展战略、乡村振兴战略、主体功能区战略和制度,依据上位国土空间规划,在科学研判发展趋势、面临问题的基础上,提出国土空间发展目标,明确各项约束性和引导性指标。

2. 优化国土空间格局

确定市(县)域国土空间保护、开发、利用、修复、治理总体格局,统筹、优化和确定"三条控制线"等空间控制线,明确管控要求,合理控制整体开发强度;确定开发边界内集中建设地区的功能布局,明确城市主要发展方向、空间形态和用地结构。

3. 完善要素配置

落实省级国土空间规划的山、水、林、田、湖、草各类自然资源保护、修复要求,明确约束性指标;明确补充耕地集中整备区规模和布局;统筹安排交通等基础设施布局和廊道控制要求;提出公共服务设施建设标准和布局要求;对城乡风貌特色、历史文脉传承、社区生活圈建设等提出原则要求。

4.明确生态修复目标与任务

明确国土空间生态修复目标、任务和重点区域,安排国土综合整治和生态保护修复重点工程的规模、布局和时序;明确各类自然保护地范围边界,提出生态保护修复要求,提高生态空间完整性和网络化。

5.分解落实管控格局

在总体规划中提出分阶段规划实施目标和重点任务,明确下位规划需要落实的约束性指标、管控边界和管控要求;提出应当编制的专项规划和相关要求,发挥对各专项规划的指导约束作用;提出对功能区规划、详细规划的分解落实要求,健全规划实施传导机制。

6.完善政策措施

建立从全域到功能区、社区,从总体规划到专项规划、详细规划,从市、县(市、区)到乡(镇)的规划传导机制。明确空间用途管制、转换、准入规则。充分利用增减挂钩、增存挂钩等政策工具,完善规划实施措施和保障机制。健全规划实施动态监测、评估、预警和考核机制。

(二)工作原则

第一,底线约束,绿色发展。优先划定不能开发建设的范围,严守安全底线和保护底线。第二,城乡融合,区域协同。划定"三条控制线",推进城乡基本公共服务均等化,全域实施开发强度总体控制。第三,多规合一,全域覆盖。落实主体功能区战略及"多规合一"目标,专项内容对空间资源的实施叠加安排。第四,以人为本,提升品质。增加开敞空间和公共活动空间,形成环境优美、宜居舒适、方便快捷的人居环境。第五,明晰事权,权责对等。落实规划刚性管控和约束性指标,规划"留白",给地方规划事权留有弹性空间。因地制宜、分类指导。

(三)技术要求

第一,统一规划基础数据和标准。以2019年为规划基期,以"三调"作为总体规划的基础数据。按照"多规合一"信息平台技术标准体系开展总规编制。第二,开展规划实施评估。对"两规"的实施进行评估,找出城市空间资源利用和布局主要问题及差异,在摸清家底、深入分析现状基础上开展规划编制。第三,开展"双评价"和划定城镇开发边界。结合主体功能定位和"双评价"结果,深入研究城镇发展阶段和空间格局,科学合理划定城镇开发边界。第四,同步搭建信息平台。确保"发展目标、用地指标、空间坐标"一致,形成规划管理"一张图",建立总体规划编制、审批、实施、监督、评估新模式。第五,建立规划成果形式。总体规划成果中需上级政府审批的内容,由总体规划审批机关批准并监督实施;其他由市县人民政府批准,报上一级主管部门备查。

二、基础研究

(一)国土空间现状分析

全面分析评价规划范围内经济社会和资源环境的基础条件、国土开发利用现状,并对规划范围内人口、经济、生态、环境、基础设施、产业发展、城镇开发等要素在空间分布上呈现出的趋势性演变特征及驱动因素进行深入分析。

重点针对人口、城乡发展、产业格局等要素演变在国土空间开发利用格局变化趋势之间的统合分析,总结提炼空间开发利用与社会经济、生态环境之间的相互关系,明确规划区资源和经济发展的优势和特色,为空间开发格局优化提供方向与有力依据。

(二)多规差异比对分析

梳理现行的经济社会发展规划、土地利用规划、城乡规划、环保规划、林业规划等涉及国土开发利用的规划目标、内容、空间布局等基本情况,比对分析"多规"之间在实施"落地"的差异上和空间上的矛盾,深入分析冲突的原因,明确空间规划重点需要解决的问题,研究提出规划协调衔接和疏解处置的相关建议,为规划国土空间布局优化和空间用途管制提供基础。

(三)资源环境承载力与开发空间适宜性评价

自然资源部规划局发布《资源环境承载能力和国土空间开发适宜

性评价技术指南》，以此指南，按照相关原则，选择水资源、自然生态、耕地资源、地质灾害、大气环境等因素，构建资源环境综合承载力评价指标体系。

对各种资源环境本质要素开展深入分析，识别影响空间开发利用活动的核心要素，明确各单要素在空间上的影响分布情况，并将不同区域内对空间开发利用的限制要素分为强限制因子与非强限制因子两类，通过GIS等空间分析方法开展综合限制性评级，明确区域主导限制因子并提出开发利用过程中应有的规避措施。再根据国土空间开发利用自然适宜性与经济适宜性程度对评价因子进行量化分级，通过空间分析方法识别适宜开发建设空间，指导国土空间开发利用格局与布局优化。

三、目标与指标体系

(一)战略与目标确定

明确发展战略。在分析发展机遇、面临挑战的基础上，结合规划区主体功能定位、规划区资源和经济社会发展的战略和目标，明确规划区发展的宏观导向与路径，提出较长时期的空间发展战略。

制定规划目标。以规划区发展战略为引领，以资源环境承载评价为依据，科学确定国土空间开发、保护格局，统筹相关规划，提出通过空间规划实施所期望实现的主要目标。规划目标的主要内容一般包括生态环境保护、经济社会发展、国土空间利用等方面。可结合规划区发展实际，在满足上级相关管控要求的前提下提出科学合理的规划目标内容。

规划目标应注重时效性，对接近期重点建设内容，提出近期规划目标，衔接规划区发展战略愿景，科学确定规划期目标。

(二)指标体系构建

对规划目标进行细化与量化。指标体系一般涵盖经济发展、社会民生、国土空间、生态环境等方面的具体指标。具体指标选择既要考虑发展实际与相关规划的衔接，又要落实上级相关规划的要求。

规划指标根据管理性质分为控制性约束指标、预期性指导指标，其中控制性约束指标要与上级规划充分衔接，鼓励提出更高的控制性要求或者增加约束指标。规划指标的阈值或目标值应结合规划目标合理制定，并合理确定近期与规划期的指标值。

四、空间格局与用途管制

(一)优化空间格局

空间格局是规划内容和发展战略在空间上的布局。在国土开发、生态安全、城镇发展、综合交通、产业发展等战略研究基础上，结合开发和保护的需求，提出国土空间配置和优化的总体方案。

1.开发格局

开发格局是要明确国土空间开发利用不同方式及空间分布。从城乡建设、产业发展以及综合交通运输网络等方面入手，明确规划区内新型城镇化发展的空间布局，城镇体系及产业发展的规模结构、开发方向和空间结构；明确综合交通的线路布局、结构以及不同交通方式的衔接与协调，培育国土空间开发的聚集点和轴带。

2.保护格局

保护格局是规划区国土空间保护的总体布局，规划区内任何发展内容均需符合对各级各类保护区域的避让要求。保护格局要依据规划区自然生态和资源环境特点，综合考虑不同地区的生态功能、开发程度，明确分级分类的保护方式及空间分布。

保护格局优化应从生态功能保护、基本农田保护等方面入手，明确生态环境保护和建设的重点地区，描述主要生态廊道和网络空间结构；明确基本农田保护和高标准基本农田建设的重点地区，描述主要集中连片保护区域及其空间结构；明确文物古迹、传统村落等其他保护要求及空间分布，促进形成点面结合的国土空间分级分类保护格局。

(二)划定三条管控底线

划定生态保护红线、基本农田保护红线、城镇开发边界三条线，是优化空间格局的基础。生态保护红线是以重要生态功能区、生态敏感区和生态脆弱区为重点而划定的实施强制性保护的空间边界。基本农田保护红线是对基本农田进行特殊保护和管理的管制边界。城镇开发边界是城镇建设与二、三产业发展空间的管制边界,允许城镇建设用地的最大边界。

划定应遵循规模约束、空间优化,边界衔接、求同存异,保障重点、差别处理,充分协调、避免冲突,注重实效的原则。划定过程中需衔接有关专项规划空间的约束性要求,强化三条底线之间的相互协调。应在三条底线各自划定的基础上进行协调衔接,科学评价差异,消除三线之间的空间矛盾和地上地下矛盾,促进保护与开发并举。

(三)明确分类分级管控空间

1.分类管控

空间管制原则上以生态空间、乡村空间、城镇空间为基础,生态空间、基本农田空间以及文物古迹、历史文化遗迹、传统村落等以保护为主;城镇空间以及乡村振兴的发展空间以建设开发为主。

2.分级管制

将生态保护红线内的生态空间划分为禁止建设的生态空间和限制建设的生态空间;将乡村空间划分为基本农田空间、农业生产空间和乡村生活空间;将城镇空间划分为现状为建设用地的存量用地空间和现状为非建设用地的新增用地空间。

市县空间总体规划要明确不同类型管制区的空间分布、管制原则与管理要求,具体通过相关专项规划和控制性详细规划予以落地。

3.落实用途管制制度

坚持用途管制"落地",用途管制核心是"严格限制优质农用地和生态用地转为建设用地"。用途管制是规划编制、修改、审批的依据,是规划区内建设项目审批的前置条件。用途管控底线一经划定不得擅自更改。国土空间开发、利用与保护活动均须严格按照管控底线要求进行。

在底线管控基础上,以空间规划分类为基础,依据《市县空间规划管控体系标准》,实施土地用途三级分类,强化用途管制制度,满足精细化管理需求。市县空间规划要对底线范围内不同用地类型进行科学规划,明确按照规划用途使用土地的有关细则,提出与下级各类专项规划、详细规划的衔接措施。

五、"三生"空间确定

(一)生态空间

结合主体功能区定位,统筹协调林草生态、水系功能、水源地保护、河湖岸线划定等,合理划定生态保护红线。生态红线应与空间格局优化相衔接,构建多层次、成网络、功能复合的生态空间体系。

结合实际将生态空间划分为不同类型保护区,如自然保护区、森林公园、风景名胜区、生物多样性维护区、水源涵养区、水土保持区、湖泊水库湿地等以及其他生态环境敏感、脆弱区域。

生态保护区为禁止建设区域。应确定不同类型生态空间的主要构成对象及其控制范围、控制总量,明确不同类型生态空间的边界衔接原则、要求与对应的管制级别,明确不同类别生态空间的保育建设要求。

(二)乡村空间

乡村空间可划分为农业生产空间、乡村生活空间两大类型。按照经济发展、自然地理、文化传统等因素和区域实际再细分为种植业生产空间、林果业生产空间、居住空间、生活服务空间等。应协调好农业生产与乡村生活的关系,明确乡村生产、生活、服务的空间功能定位。

要统筹乡村生活空间建设,衔接农村土地综合整治、美丽乡村建设、新型社区建设、传统村落保护等重点项目,落实乡村振兴及现代化建设的政策措施,提出实施乡村振兴的空间战略与推进路径。

要合理安排产业振兴的空间格局,从耕地质量建设、永久基本农田保护、农业生产"两区划定"、特色产业示范区建设着手,对农业生产空间加强分类指导,落实农业生产空间优化提升的具体举措。

(三)城镇空间

明确城镇发展体系。依据区域发展状况、人口、产业集聚方向,构建合理城镇发展体系和发展轴线;确定城乡居民点发展的总体框架,合理选定中心城镇,促进小城镇发展,统筹区域基础设施和公共服务设施,防止重复建设,促进协调发展。

明确城镇建设目标。针对城镇空间发展存在的突出矛盾和问题,提出提升城镇环境质量、人民生活质量、城市竞争能力等方面的总体方向,建设智慧、海绵、宜居城市。

优化城镇空间布局。结合开发边界划定与规模控制要求,以用地适宜性评价为依据,提出建设空间的优化方向,尽量少占优质耕地,避让地质灾害高危险地区、蓄滞洪区和重要生态环境用地。

强化城镇空间管制。按照规模控制和开发强度要求,结合资源环境容量、发展定位和城市化发展趋势,提出与人口的聚集和产业发展相匹配的城镇发展规模与结构。

城镇开发边界内的空间,按照存量建设用地区域、可开发新增建设区域和预留规划新增弹性区域三类实施分级管控,逐一确定各类规模控制总数及其管控措施。存量建设用地区域要结合现状分析和建设用地开发适宜性结果,划入保留的建设用地区域,并对存量建设用地的升级改造、综合利用提出针对性的措施;新增开发建设区域为规划的新增用地布局区域,要结合周边区域功能定位,做好区片功能和结构设计,为下级控制性详细规划提供指引;预留弹性区域是规划期内允许调整成可开发的建设用地区域,具体调整要符合时序安排和规模管控。

六、区域基础设施和公共服务设施配置

(一)综合交通设施配置

加强城市综合交通枢纽配置,立足构建智能、综合、现代的对外对内交通网络,明确高速公路、一般公路、高速铁路、一般铁路、水运、交通枢纽和场站等交通设施的建设布局,形成不同运输方式和城市内外

交通之间的顺畅衔接。提出规划期内尤其是近期重点项目安排。

（二）能源水利设施配置

构建稳定、通畅、安全供电网络,超高速、大容量、高智能的通信网络和安全、稳定的城乡供水保障体系,明确规划近期重点建设项目安排。合理安排电力供应网络建设和电力设施建设,注意输电线路及变电站布局对人口聚集用地规避和对自然风貌的破坏。水利供应设施要结合水资源条件,构建安全供水网络体系,做好清洁安全供水保障。

（三）公共服务设施配置

统筹存量建设空间和新增建设空间对公共服务设施建设安排和服务的能力,合理配置公共教育、医疗卫生、文化体育、就业服务、社会保障和养老服务等公共服务设施,推进城乡基本公共服务均等化,实现公共设施资源配置与用地空间和人口聚集相匹配。坚持共享发展理念,合理规划建设广场、公园、步行道等公共活动空间,强化绿地服务居民日常活动的功能,大力推进无障碍设施建设。

（四）综合防灾减灾建设

构建统一的地质灾害、干旱、洪水、林草火灾及农林有害生物等重大自然灾害早期监测和快速预警平台,建立健全反应灵敏的综合预警预防机制。针对当地比较突出或者可能面临的自然灾害提出规划减灾措施及防灾减灾建设工程。

七、推进国土空间整治修复

（一）生态修复

第一,生态环境综合整治安排。提出生态网络布局和绿色基础设施的建设,针对水土流失、生物多样性损害、土地沙化、盐碱化和生态服务功能衰退的区域,提出生态环境综合整治方向和措施。

第二,线状景观生态综合整治安排。按照地域类型,营建具有多层次、多树种、多功能、多效益绿带,连接城乡绿色空间,提升环境质量,对区域内河流、铁路、公路等交通干线和河流沿线的风景带提出整治措施。

第三,土壤污染治理修复。以煤矿开采、油气开发区污染及重金属污染土地为重点,对污染土地提出用生物、物理、化学等多种技术开展治理修复。

第四,水环境治理,提出城乡污水管网、处理设施的布局和建设规模,地表水污染防控和治理、地下水污染防控、农业面源污染防控等举措。沿海市县应提出近岸海域污染治理和保护措施。

(二)土地整治

第一,农用地整治。确定整治建设的重点区域,明确建设布局和项目,提出建设内容和要求。推进高标准农田建设和中低产田改造工程。

第二,城乡建设用地整治。结合发展条件和用地需求,明确农村建设用地、城镇工矿建设用地整理的安排,提出城乡建设用地整理的措施要求。

第三,低效建设用地再开发。统筹规划、明晰产权、利益共享、规范运作,提出棚户区、城中村等低效用地改造任务和措施,提升集约用地水平。

(三)其他整治

第一,矿山环境恢复治理。区分地面塌陷、水土环境污染和固体废弃物占用等类型,提出废弃地复垦、污水和废弃物污染治理及生态修复方向和举措。

第二,海岸带整治安排。有针对性地提出海岸带整治措施,恢复海湾、河口海域生态环境。加强陆域污染控制,削减入海河流污染负荷。

八、中心城区及重点区片规划

(一)确定城区发展目标

在用地现状、发展条件和限制因素等分析的基础上,提出城区的职能定位、规模管控、用地布局等要求,提出城区风貌定位与单元特色塑造要求,使发展更加科学合理、可行,为编制控制性详细规划提供指导和管控依据。

（二）明确城区管控目标

坚持规模约束、边界管控，确定城区内人口总量、用地规模及各类用地结构等控制指标；明确城镇开发边界内空间管制措施，根据用地结构控制，确定可开发建设用地的主要用途及开发强度。

居住和公共设施用地根据人居环境要求和基础设施承载能力，确定上限控制指标；工业和仓储用地根据提高用地效率原则，确定下限控制指标；在不影响城市功能，不发生冲突条件下，允许建设用地有一定的兼容性。[①]

（三）道路交通设施规划

树立"窄马路、密路网"的城镇道路布局理念，建设快速路、主次干路和支路级配合理的道路网系统，提高通达性；合理布局客货运枢纽、停车、加油(气)站、充电桩等配套设施，打造快速、便捷、高效交通系统。

（四）市政基础设施规划

从水资源供给、能源供应、信息通信安全等方向出发，本着适度超前、保障发展为原则，明确区片重要市政基础设施布局方向、建设标准与用地规模，构建完善的城镇供水、雨水排除、污水处理、电力供应、燃气供应、城市供热、城市环卫、通风廊道等系统，形成全天候、系统性、现代化的城市运行安全、快捷的保障体系。

（五）公共服务设施规划

稳步推进城镇基本公共服务常住人口全覆盖，规划确定教育、医疗、文化、体育、社会福利、行政办公等各类公共服务设施的位置、规模和用地安排，对现状保留与规划新建的各类公共服务设施提出规划建设控制要求。

（六）重点绿地系统规划

合理确定区片内重要公园与绿地的数量、规模和用地范围，明确

---

①王金岩.规划时空维度丛书:空间规划体系与空间治理[M].南京:东南大学出版社,2017.

大致位置和控制要求,划定结构性绿线并明确管控措施;公园与绿地的布置应综合考虑服务半径,充分利用自然山体、河湖湿地、耕地、林地、草地等生态空间,推进海绵城市建设,提升水源涵养能力,促进水资源循环利用。

九、规划实施保障措施

(一)规划审批备案

市县国土空间规划经上级政府审查同意后,由当地人民代表大会审议通过实施。

(二)规划评估修改

定期评估国土空间规划的实施情况,客观分析规划目标、主要指标、空间优化的执行情况和相关部门规划对空间规划的落实情况。依据规划评估结果,对确需修改规划的,需报原审批机关同意后方能实施;对不涉及三条管控底线的内部管制用途调整,可报县级人民政府批准后实施。

(三)用途转用许可

建立和完善严格的空间规划用途转用许可制度,严守生态、基本农田和城镇开发三条控制底线,严格控制三条红线之间的转变,特别是规划空间用途从优质耕地或生态用地向建设用地转换。

(四)信息平台建设

建立一个基础数据共享、审批流程协同的信息平台,保障相关规划的空间布局安排符合国土空间规划确定的规划空间管制。并利用信息平台实现项目并联审批机制,形成"一个平台、一门受理、部门并联、限时办结"的审批机制。

(五)规划激励机制

建立规划实施利益平衡机制,采用基金和财政补贴、税收优惠等政策,引导促进或限制某些投资和建设活动;通过实施基本农田和生态用地保护补贴等措施增加对耕地等战略资源保护、环境保护的财政转移支付,建立保护责任与财政补贴相挂钩制度,促进规划目标的实现。

（六）规划实施考核

将规划实施情况纳入市县领导干部政绩考核,制定具体奖惩方式和力度的制度框架;加大国土空间规划主要管控指标权重,列入县区和乡镇领导干部政绩考核。

十、规划成果

（一）总体规划文本

一般包含以下内容:国土空间开发利用状况和面临形势;资源环境承载状况与重大问题研究;规划区域发展定位与战略,规划目标与主要控制指标;国土空间开发保护格局优化与"三线"划定;生态、乡村、城镇空间规划与用途管制规则;城乡基础设施和公共服务设施配置;中心城区及重点区片规划;国土综合整治与生态修复安排;规划实施保障措施。

（二）规划说明

主要包含以下内容:规划编制基础,规划编制依据,规划基础数据的采用。规划协调衔接,现有规划目标、空间的衔接情况,规划方案中有关区域发展定位、规划目标、空间格局和规划红线的衔接情况等。规划目标定位,规划区域定位和发展战略的确定依据,规划目标确定和规划指标体系构建依据,规划指标测算的依据。规划空间格局,国土空间总体格局确定依据。

三条红线划定,生态保护红线、基本农田保护红线、城镇开发边界的划定方法和结果,不同红线管控措施的提出依据。规划用途管制,生态空间、乡村空间、城镇空间及其他空间等四类空间分级分类管控的制定思路,城镇空间内部用途划分和管制的依据。空间整治修复,生态、环境、土地、矿产等综合整治修复区域和重点项目制定的依据。规划方案论证,对规划方案进行组织、技术、经济可行性论证的结论以及规划方案实施后可能产生的社会经济、生态环境影响评价。还包括其他重要情况。

第二节 国土空间规划管理

分析了国土规划的含义,国土规划的层次性,国土规划管理的理念及原则,并提出研究国土规划管理机制的理论基础。

一、国土规划的含义

(一)"国土"内涵

国土是指一个主权国家管辖下的地域空间,包括领土、领空、领海和根据《国际海洋法公约》规定的专属经济区海域的总称。在制定国土政策以及规划管理时,必须将国土内涵视为一个系统体系。只有这样,才能在国土规划时注意到自然资源开发与保护之间的平衡,都市与非都市地区的均衡发展,工业区的适当配置,多目标使用间的冲突与协调,维护合乎要求的空气与供水质量,文化历史遗迹的保存与保护以及社会总体与私人间开发成本的负担与利益的分享,世代之间福祉的均衡分配等问题。

(二)国土规划的含义

1.规划的含义

规划是具连续性与循环性的过程;规划在寻求一套系统性的、相关性的、连续性的最佳决定;规划产生具体、有效的最佳方案;规划在决定未来最佳行动方案以指导实现目标;规划是一种学习过程;规划在实施过程中必须不断地检讨、修订、扩充,始能进入理想境界。简而言之,规划是在理性的、全方位的思维与掌握现有的信息下,发展出一套系统性的规划,以解决问题、达成目标。同时,规划者必须有不断的反思,规划的过程要有回馈的回路。

2.国土规划的含义

所谓国土规划是从土地、水、矿产、气候、海洋、旅游、劳动力等资源的合理开发利用角度,确定经济布局,协调经济发展与人口、资源、环境之间的关系,明确资源综合开发的方向、目标、重点和步骤,提出国土开发、利用、整治的战略措施和基本构想。

国土规划是指对国土资源的开发、利用、整治和保护所进行的综合性战略部署,也是对国土重大建设活动的综合空间布局。它在地域空间内要协调好资源、经济、人口和环境四者之间的关系,做好产业结构调整和布局、城镇体系的规划和重大基础设施网的配置,把国土建设和资源的开发利用和环境的整治保护密切结合起来,达到人和自然的和谐共生,保障社会经济的可持续发展。

国土规划是根据国家社会经济发展总的战略方向和目标以及规划区的自然、社会、经济、科学技术条件,对国土的开发、利用、治理和保护进行全面的规划。是国民经济和社会发展规划体系的重要组成部分,是资源综合开发、建设总体布局、环境综合整治的指导性规划,是编制中、长期规划的重要依据。

3.国土规划的任务

国土规划是一个地区比较长远、全面、综合的发展构想。其主要任务是根据地区的发展条件,从其历史、现状和发展趋势出发,明确规划地区社会经济发展的主要问题,确定社会经济发展方向和目标,对地区国土资源的开发利用、整治和保护做出总体部署,对资源产业化的重大项目和国土建设活动进行统筹安排,并提出规划的实施政策和措施。

其基本任务是根据规划地区的优势和特点,从地域总体上协调国土资源开发利用和治理保护的关系,协调人口、资源、环境的关系,促进地域经济的综合发展。

具体任务是:确定本地区主要自然资源的开发规模、布局和步骤;确定人口、生产、城镇的合理布局,明确主要城镇的性质、规模及其相互关系;合理安排交通、通信、动力和水源等区域性重大基础设施;提出环境治理和保护的目标与对策。[①]

① 王克强.上海国土空间规划与土地资源管理优秀成果选编[M].上海:复旦大学出版社,2019.

二、国土规划的层次性

层次性规划的目的首先在于解决现阶段的问题并预见未来可能发生的问题,进而提出一系列的解决对策,其层次可分为:策略性规划、管制性规划、作业管制规划。

策略性规划:此种规划主要是制定或变更大方针或目标,如何获得、利用及处分这些为达成此等目标所需的资源。管制性规划:此种规划主要在策略性规划设定的既定方针下,拟定如何有效能、有效率地利用资源,以实现既定的目标。作业管制规划:这是对于某特定工作如何有效能、有效率地实施计划。

(一)国土规划的层次性

国土规划是一项有层次、系统的"规划体系"。黄世孟[①]指出:国土规划运作时,常将规划空间依规模大小划分成为若干层级,并在各层级建构各种规划运作理念与计划。例如,可将国土规划分为国土计划、区域计划、县市综合计划、特定区计划、市乡镇计划、街道、基地或建筑计划等层次。这些空间规划包括具有法定地位的计划以及只具建议性、参考性的非法定地位的计划。

上述这些计划具有上下级衔接关系,也常有平行地位的计划间的相互协调关系,在行政运作习惯将这种计划间的关系称为"计划体系"。

在具体的规划制定过程中,各规划层次必须相互衔接而不重叠,即上一级规划层次的结果必须提供充分的原则和资料,作为下一级规划工作的依据,同时下层规划亦不重复上一层次既成的工作成果。下级在处于上位规划目标及政策指引下,但上级规划因下级规划深入研究的结果,可将目标及政策作适时适势的修正,以符合时势的需求。

以风景区规划为例,最上层的系统规划是为适应现在及未来的需求,制定风景特定区整体系统的分类,各种游憩功能及位置,确立每个功能区的发展方向,并界定与其他土地及资源使用间的相互关系;而

①黄世孟.地景设施[M].大连:大连理工大学出版社;沈阳:辽宁科学技术出版社,2001.

在中层的基本计划,是对于区内各类游憩活动的分类及限制分析,并订定区内土地使用分区与管制,对于各种公共设施配置及管理规则,制订设计准则,作为各项主要设施设计的依据。

工作计划是将区位土地使用分区作细分,或某些单项线状设施的进一步配置,制订保护或建设的依据,同时订定设计准则,作为各项设施及建筑物进行设计的依据。

(二)国土规划的管理理念

国土规划的管理政策:国土规划管理体制是指国土规划管理系统的结构和组成方式,即采用怎样的组织形式以及如何将这些组织形式结合成为一个合理的国土规划有机系统,并以怎样的手段、方法来实现国土规划的任务和目的。具体地说,国土规划管理体制是规定中央、地方、部门在各自方面的国土规划范围、权限职责、利益及其相互关系的准则,它的核心是国土规划管理机构的设置。

各管理机构职权的分配以及各机构间的相互协调,它的强弱直接影响到国土规划的效率和效能。与国土规划体系相对应,国土规划管理也是一个系统性工程,最上层者为指导性政策,明确订立配合国家发展需要的国土利用政策目标,并拟定国土资源利用的各项配合政策,诸如土地政策、经建政策、环保政策等;其次为方向与目标政策,规范未来不同种类的土地使用的限制分区,分别订定土地使用计划与管制计划,同时配合相关法规的制定,使管理土地利用的行政机关在执行国土规划时行而有据。

一项公共政策的形成程序为问题发掘、政策规划、政策合法化、政策执行、政策评估五个阶段,所以,国土规划的管理政策由通过全国国土数据库的建立以界定国土规划与管理的问题,进而确立发展目标,继而制定各项行政计划。欲使国土规划得以有效率地执行,在建构国土规划的管理体系时,要重视立法的配合,有法制的基础才能使行政机关在执行规划时行而有据、推展顺利,使国家的空间秩序达到均衡。同时,建立起有效的专用制度,借以适时地调整不同部门间对于国土的需求,以维持国土空间的有效利用。

(三)国土规划管理的基本原则

国土资源是人民所依存、进行生产建设和文化活动的基地,也是发展生产所需的各种物质和能量的源泉,总之是国家赖以生存的物质基础。完整的国土资源规划,是国家经济稳定发展的根基,国土规划的管理应遵循下列原则:以"可持续发展"为国土资源利用的最高目标,国土资源的规划与管理必须在自然环境容受力的范围内改善人类的生活品质。国土规划要提倡新的土地使用伦理,在维持土地资源可更新与同化力的稳定状态下,增进人类生活质量享受的土地利用方式。

建立国土利用的系统整体观,对于国土的开发利用管理,要基于全国国土的信息,作全面性的科学规划,合理开发利用国土资源,进行生产力合理布局,并兼顾自然资源开发与保护,调和国土多目标、多用途间的冲突与维护环境质量的水平,保存文化历史的遗迹,力求资源分配的公平、社会与私人间开发经济成本的负担和利益的分享,同时力求世代内与世代间的福祉均衡分配。

国土规划要立足国情,我国已经进入全面建成小康社会阶段,加快推进社会主义现代化建设、完善市场经济体制、推动经济结构调整、促进区域经济协调发展、加快城市化进程、提升对外开放水平等,都对国土规划工作提出了新的更高要求。我国人口规模持续增加、资源环境与经济发展矛盾日益突出、城乡和地区差距扩大、就业和社会保障压力增大等,也使国土规划工作面临严峻挑战。

国土规划工作要以"三个代表"重要思想和科学发展观为指导,遵循自然规律、经济规律和市场规律,正确处理全局与局部、长远与即期、市场调节与宏观调控、经济社会发展与资源环境保护等重大关系,保障经济社会可持续发展。

三、国土规划管理的基本方法

(一)程序性管理

政府在国土规划制定活动中,设计出相对完善的程序,一方面尊重相关主体的主观能动性;另一方面用程序规制能动性的发挥,克服不确定性和不统一性,防止规划编制主体和执行主体的机会主义行为。

(二)评价性管理

通过制定评价标准和上级行政要求,对国土规划工作成果加以评价、审核,从而使工作成果能合乎要求。

(三)司法性管理

国土规划的司法性管理主要是由国务院或自然资源部等行使的,对下级组织或个人的正式权力,可以从整合性的角度解决规划涉及不同部门间的争议。

(四)工具性管理

国土规划的工具性管理指利用奖励为诱因,促使规划的制定和执行工作顺利进行。各地方为了争取财政补偿,必须满足上级颁布的规范或准则。

(五)专业性管理

国土规划的专业性管理指依赖组织内的专家知识和长期形成的价值标准,作为规划控制的依据。

(六)公众与外部团体的压力管理

一般民众和学术界对可能出现问题的国土规划方案的反对意见,不经过科层制度的反映或申诉,通常通过大众传播媒介或有公众参与的途径,形成不合理规划推行的压力。

四、国土规划与管理的理论基础

国土规划除了受到实体因素影响之外,也应该考虑到社会与经济结构、自然环境、生活环境等因素的影响。以下从传统、全球化和可持续发展三方面对国土空间结构理论进行阐述。

(一)传统的空间规划理论

1.德国的古典区位理论

古典区位理论主要采用新古典经济学的静态局部均衡分析方法，以完全竞争市场结构下的价格理论为基础来研究单个厂商的最优区位决策，主要是将空间关系与距离因素导入经济学领域。古典区位理论从区位配置的效率出发，研究经济活动的空间类型与活动分布，目的在于解释一些具有特殊空间特性的现象。

2.最优城市规模理论

最优城市规模理论主要说明都市实质规模的不断扩大，将会导致都市中"聚集经济效益"的逐渐减少。都市最优的规模并非固定不变，其规模会随着居民的偏好而异。另外，都市最优的规模不应只考虑公共服务成本，也应考虑生活质量、生产效率、劳动生产力、收入水平所导致的差异。

3.中心地理论

中心地理论模型来预测理想城市规模的分布与功能。认为都市成长取决于其服务功能的专业化，一个地区的居民所需要的商品及服务是由某一地区范围来供给；仅有少部分地区将提供较高层级的商品及服务，而此少部分地区即形成城市或称中心地。阶层越高的中心地，能服务越多的人口数量，所提供之商品与服务种类数目也越多。

(二)全球化冲击下的空间规划理论

1.流动空间理论

流动空间是经由流动运作的共享时间下的社会实践的物质组织。"流动"指经济、政治与象征结构里，社会行动者所占的位置，以及那些有所企图的、重复的、可城市化的交换与互动的序列。

"流动空间"可以是由电子数据所构成的信息社会，其主要由节点(node)与核心(hub)所构成，通过电子网络联结特定城市国家(核心)与其他地方(节点)。流动空间取代了传统地域性的空间结构，国家、跨国公司、小型企业等组织需具备弹性(flexibility)与网络(networking），才能面对复杂且经常变动的需求，而生产行为不再需要依赖特殊的地域特质来完成，仅需透过新的信息科技，横越城市、国家做全球性的联结。

2. 全球城市理论（global city）

在经济全球化下，全球经济体系的重组，形成中心与边缘的都市阶层（urban hierarchy）与世界都市体系，亦形成全球城市（global cit-ies）。全球城市在全球经济体系中扮演财务管理、生产管理、研发、设计、营销策略、行政管理等指挥控制中心的角色与功能，并向跨国组织提供最先进的服务、财务金融、研发技术等必要性设施。

3. 全球城市区域理论（global city regions）

一个已扩张的巨大城市区域正在形成中，跨越早期核心、边缘空间组织系统，形成"无国界的世界"。而世界各个地方凭着其地区内部的社会制度、结构，发展其特殊的文化，形成区域经济体，并借此地方特殊性构成其竞争优势（即所谓在地条件），包括地理邻近的资源共享、研究机构的研发合作与厂商竞争所激发的创新等。世界各地凭借其地方竞争优势的优劣，而成为世界主要的核心经济地区或是边缘地带。

（三）可持续发展概念下的空间规划理论

1. 成长管理理论

成长管理是利用政府种种的传统及改良的技术、工具、计划与方案，企图指导地方上的土地使用型态，包括土地开发的态度、区位、速度与性质。实施成长管理的目的在于应对都市快速成长所造成的外部性问题，通过规划策略的运用，提升土地使用与公共设施的配置效率，降低无效率的都市蔓延以及塑造美丽的都市发展型态和都市景观，减轻政府财政的负担。

2. 紧密都市理论（Compact City）

紧密都市理论是近年来由美国提出的都市管理理论之一，希望都市朝向较密集的发展，达到节约能源消费与公共支出的目的。紧密都市理论主张都市可在一个固定范围内发展,都市可以提供不同的混合使用,借此达到公共设施、设备与功能的集中。减少居民交通的数量,可减少对私人交通工具的依赖与使用;减少对水、电热、空间的需求量,使能源消耗达到最小,生活形态可以自给自足。

3. 新都市主义理论(New Urbanism)

"新都市主义"理论是一个复杂的系统概念,它不仅注重社区的整合,而且注重考虑机会成本、时间成本与居住舒适的结合,并注重避免奢侈布局对环境的破坏、对土地和能源的过度耗费。首先,它必须是位于城市中心的物业,这样才能最大程度地利用城市资源,包括最好最便捷的医疗、消费、教育服务等。其次,物业所处的环境很好。外部环境上,它具有广场、湖景等具有强烈时代特征、人文特色的外部资源;内部环境上,它非常强调物业本身的品质,从规划设计、建筑设计到园林设计都具备一流的水平。最后,它还是一个不能和别的物业形式相混合的纯住宅物业。

4. 智能型增长理论(Smart Growth)

智能型增长理论通过综合考虑土地利用效率、社会公平、地方财政、环境资源、交通计划、都市再开发等内容,以解决市中心衰退所造成的土地利用与犯罪问题,避免都市分散蔓延发展吞蚀环境资源及居住、就业失调问题,减少都市过度开发造成的自然环境灾害,减缓公共设施提供的财政压力。

第二章 国土空间规划的理论基础

第一节 科学发展观理论与可持续发展理论

一、科学发展观与五个统筹理论

党的十六届三中全会提出的科学发展观,是以人为本的、全面协调和可持续的发展。科学发展观的理论核心紧密围绕着两条基础主线:其一,努力把握人与自然之间关系的平衡,寻求人与自然的和谐发展及其关系的合理性存在。其二,努力实现人与人之间关系的协调。即通过舆论引导、伦理规范、道德感召等人类意识的觉醒,更要通过法制约束社会秩序、文化导向等人类活动的有效组织,去逐步达到人与人之间关系(包括代际之间关系)的调适与公正。落实科学发展观主要通过五个统筹实现,即统筹城乡、统筹区域、统筹人与自然、统筹经济与社会、统筹改革。

(一)统筹城乡经济社会发展的核心

统筹城乡经济社会发展的核心是打破城乡二元经济结构,合理地解决城乡发展的社会成本的分摊问题。在我国长达半个世纪的城乡政策中,作为区域的广大农村与作为产业的农业以及作为居民身份的农民,一直在为我国城市兴旺发展做出自己的努力和贡献。部分欠发达的农村地区以及农民相对而言已经逐渐落后于现代文化发展的趋势,少部分农民并没有完全享受到应有的国民待遇,在劳动就业社会保障、医疗保障、教育保障等方面,过多地分担了改革与发展的成本,这是制约"三农"问题的关键。因而,统筹城乡发展,充分发挥城市文明在现代化建设中的辐射作用,加快我国居民户籍制度改革,让人们更自由地选择生活工作的居住地,这是符合世界进步潮流并解决城乡差别的大政策,是实现社会和谐稳定的重要基础。

(二)统筹区域发展

统筹区域发展是校正区域之间发展成本的整合器。我国东部地区利益比较机制的作用,顺利地吸纳了中西部落后地区大量廉价的人力资源与物力资源。从这个意义上看,中西部地区为东部地区的发展做出了巨大的贡献。

当然,让一部分地区先富起来的政策取向在我国有着重大的历史进步意义,它通过非均衡发展的示范效应,为不同经济发展水平的地区提供了良好的带动作用,也为中西部地区的改革发展培养了适合现代市场经济所需要的各类管理人才,为今天推进西部大开发、振兴东北老工业基地,实现中部地区发展的崛起,提供了有益的借鉴作用。

因而,统筹区域社会经济的协调发展,逐步缩小地区差距,通过东西互动,尤其是东部对中西部的智力技术的反哺,减少中西部地区社会经济发展中的各种不必要的代价,是保证社会和谐实现全面小康社会所必需的。①

(三)统筹经济社会发展

本质上是协调社会经济不同部门之间所承担的发展成本,是实现社会全面进步的需要。人除了物质需要外,还有自身的政治诉求,有满足其精神需要的文化诉求,有进一步提升自身各种素质的要求。因而,在加大经济发展投入的同时,我们必须考虑民主政治、科教文化、卫生事业等齐头并进,加大社会发展方面的投入,建构完善各种应对公共危机的应急机制,形成调节各种利益冲突的缓冲机制以及表达各个利益群体愿望的政治协调机制,提高人民的物质与精神生活质量,让人民心和气顺,生活殷实。

①诸大建,等.可持续发展与治理研究——可持续性科学的理论与方法[M].上海:同济大学出版社,2015.

（四）统筹人与自然和谐发展

除了现代人可能面临的环境困境外,在我们这样一个人口众多的发展大国,人均资源有限,统筹人与自然的发展,其实质是在代际之间合理地分摊社会发展的成本。坚持协调、持续的发展观,就必须把现代的发展可能造就下一代人、几代人的生存环境的因素考虑在内,就必须摒弃大量消耗资源、以牺牲环境为代价的发展模式。

（五）统筹国内发展和对外开放

始终不渝地坚持国内发展和对外开放的统一,这是发展社会主义市场经济的必由之路,也是全球化背景下所有国家社会经济发展的一般道路。要统筹好这两者之间的关系,一方面要积极使经济运行适应国际市场的普遍规则;另一方面,要积极参与国际市场规则的制定。

二、可持续发展与循环经济理论

（一）可持续发展

可持续发展是20世纪80年代提出的一个新的发展观,是指满足当前需要而又不削弱满足子孙后代需要之能力的发展。可持续发展还意味着维护、合理使用并且提高自然资源基础,这种基础支撑着生态抗压力及经济的增长。可持续的发展还意味着在发展计划和政策中纳入对环境的关注与考虑。

可持续发展的核心思想是:发展应建立在生态可持续能力、社会公正和人民积极参与自身发展决策的基础上;它所追求的目标是既要使人类的各种需要得到满足,个人得到充分发展,又要保护资源和生态环境,不对后代人的生存和发展构成威胁;它特别关注的是各种经济活动的生态合理性,强调对资源、环境有利的经济活动应给予鼓励,反之则应予摒弃。可持续发展理论应用到国土规划中来,就是新资源观新发展观循环经济理论、协调发展理论、生态经济与生态文明理论、PRED模式等。循环经济本质上是一种生态经济,它要求运用生态学规律而不是机械论规律来指导人类社会的经济活动。

与传统经济相比,循环经济的不同之处在于:传统经济是一种由

"资源→产品→污染排放"单向流动的线性经济,其特征是高开采、低利用、高排放。在这种经济中,人们高强度地把地球上的物质和能源提取出来,然后又把污染和废物大量地排放到水系、空气和土壤中,对资源的利用是粗放的,通过把资源持续不断地变成废物来实现经济的数量型增长。与此不同,循环经济倡导的是一种与环境和谐的经济发展模式。它要求把经济活动组织成一个"资源→产品→再生资源"的反馈式流程,其特征是低开采、高利用、低排放。所有的物质和能源在这个不断进行的经济循环中得到合理和持久的利用,把经济活动对自然环境的影响降低到尽可能小的程度。

(二)经济发展

推动循环经济发展可以在三个层次上展开:第一,在企业大力推行清洁生产,从生产源头和全过程充分利用资源,使每个企业在生产过程中废物最小化、资源化、无害化;建立生产者责任延伸制度,实行污染产品押金或保证金制度。第二,在工业集中地区、经济开发区积极发展生态工业,在企业清洁生产基础上,使上游企业的废物成为下游企业的原料,不断延长生产链条,实现区域或企业群资源的最有效利用。第三,在一定区域内,用生态链条把工业与农业、生产与消费、城区与郊区、行业与行业有机结合起来,最大限度地综合利用资源,大力发展资源循环利用产业,逐步建成循环型社会。

(三)生态经济与生态文明理论

因地制宜地利用中国传统技术的精华和现代科学技术,依据整体、协调、循环、再生的原则,用系统工程的方法,实现生态和经济的良性循环,经济、生态和社会效益的统一。生态经济理论应用到国土规划,即国土规划应充分体现以人为本,立足于区域内独特的资源优势和生态环境优势,以提高人民收入水平和生活质量为出发点,以生态环境现状为基础,以适用技术和高新技术为支撑,以制度创新和组织创新为动力,运用生态学与生态经济学原理,对核心产业、重点工程、结构调整和生态环境保护恢复、建设进行统筹规划,形成经济布局合理,环境承载能力不断提高的产业体系,把生态优势转变为生产力,促进区域内的经济与生态的协调发展,逐渐走向生态文明。

生态文明是指人类遵循人、自然、社会和谐发展这一客观规律而取得的物质与精神成果的总和;是指人与自然、人与人、人与社会和谐共生、良性循环、全面发展、持续繁荣为基本宗旨的文化伦理形态。它将使人类社会形态发生根本转变。生态文明是农业文明、工业文明发展的一个更高阶段;从狭义的角度讲,生态文明与物质文明、精神文明和政治文明是并列的文明形式,是协调人与自然关系的文明。

在生态文明理念下的物质文明,将致力于消除经济活动对大自然自身稳定与和谐构成的威胁,逐步形成与生态相协调的生产生活与消费方式;生态文明下的精神文明更提倡尊重自然、认知自然价值,建立人自身全面发展的文化与氛围,从而转移人们对物欲的过分强调与关注;生态文明下的政治文明,尊重利益和需求多元化,注重平衡各种关系,避免资源分配不公、人或人群的斗争以及权力的滥用而造成对生态的破坏。生态文明是对现有文明的超越,它将引领人类放弃工业文明时期形成的重功利、重物欲的享乐主义,摆脱生态与人类两败俱伤的悲剧。

生态文明也涉及环境伦理。这方面形成了一门新兴学科,即环境伦理学,它是一门介于伦理学与环境科学之间的新兴的综合性科学。它的诞生,是在人类生存发展活动和生存环境系统发生尖锐对立后,为满足协调人和生存环境系统的关系,求得人类和生存环境系统共同持续发展的社会需要的产物。

人类和生存环境系统之间的矛盾——环境污染、破坏和恶化等问题,说到底,是人类行为的结果,是一个社会问题。对于这个问题的最终解决,必须提到行为主体——从人类环境伦理道德高度去认识和对待才有可能。因此,环境伦理学已经成为21世纪影响和决定人类与环境同时实现可持续性发展的关键性科学研究领域之一。

第二节 区域发展战略与工业化理论

一、区域发展的阶段性及其对应的发展战略理论

（一）区域发展的时间过程规律

区域经济增长过程具有明显的阶段性特征。在关于区域经济增长阶段的理论中，比较有代表性的理论是胡佛—费希尔的区域经济增长阶段理论、罗斯托的经济成长阶段理论等。指出任何区域的经济增长都存在"标准阶段次序"，经历大体相同的过程。具体有以下几个阶段。

第一，自给自足阶段。在这个阶段，经济活动以农业为主，区域之间缺少经济交流，区域经济呈现出较大的封闭性，各种经济活动在空间上呈散布状态。

第二，乡村工业崛起阶段。随着农业和贸易的发展，乡村工业开始兴起并在区域经济增长中起着积极的作用。乡村工业是以农产品、农业剩余劳动力和农村市场为基础发展起来的，故主要集中分布在农业发展水平相对比较高的地方。

第三，农业生产结构转换阶段。在这个阶段，农业生产方式开始发生变化，逐步由粗放型向集约型和专业化方向转化，区域之间的贸易和经济往来也不断地扩大。

第四，工业化阶段。以矿业和制造业为先导，区域工业兴起并逐渐成为推动区域经济增长的主导力量。一般情况下，最先发展起来的是以农副产品为原料的食品加工、木材加工和纺织等行业，随后是以工业原料为主的冶炼、石油加工、机械制造、化学工业等行业。

第五，服务业输出阶段。在这个阶段，服务业快速发展，服务的输出逐渐成了推动区域经济增长的重要动力。

这时，拉动区域经济继续增长的因素主要是资本、技术以及专业

性服务的输出,如旅游业等。美国另一位经济学家罗斯托认为,区域经济是一个普通的机体,在其成长和发展过程中可以分成不同的阶段。他认为一个完整的现代经济演化系列可以分为六个阶段:①传统社会阶段。②起飞创造前提的阶段(准备起飞阶段)。③起飞阶段。④向成熟推进阶段。⑤高消费阶段。⑥追求生活质量阶段。罗斯托认为,一个国家,一个较大的地区,其经济发展都要经历这六个成长阶段。罗斯托划分经济发展阶段的基本根据是资本积累水平和主导产业的变动,他认为:在起飞前提阶段,积累水平(亦即投资率)在5%左右;起飞阶段提高到10%以上;成熟阶段在10%~20%。随着发展阶段的不同,经济的主导部门也相应转换:传统社会的主导部门是农业;起飞前提(准备)阶段的主导部门是食品、饮料、烟草、水泥等工业部门;起飞阶段是耐用消费品的生产部门(如纺织)和铁路运输业;成熟阶段是重化学工业,如钢铁、化学、机械等;高消费阶段是耐用消费品工业部门(如小汽车、家用电器、高档家具等);追求生活质量阶段是服务业部门(教育、卫生、住宅建设、文化娱乐、环保等)。①

(二)不同阶段区域的发展战略

处于待开发(不发育)阶段的地区:资金投入的产业方面,要立足本地资源,技术层次要适合本地区劳动力素质,同时选择有发展潜力的产业。资金投入的空间方面,要集中培育区内增长极以带动整个地区的发展,切忌平均分散使用力量。治穷先治愚,重视人口素质的提高和观念的转变,大力发展教育,打破封闭状况,促进市场发展。在起步时,可向外输出劳务,减轻区内压力,发挥其积累初始资金的作用。善于招商引资,吸引人才技术,使自然资源和劳动力丰富的有利条件与外部输入要素相结合转化为经济优势。

处于成长阶段的地区:进一步巩固和扩大优势产业部门,充分发挥规模经济优势,降低产品成本,不断开拓市场,扩大优势产品的国内外市场占有率。围绕优势产业,形成结构效益良好的关联产业系列。

①靖学青,等.中国区域战略与上海转型发展[M].上海:上海社会科学院出版社,2018.

不断培植新产业,发展第三产业,特别是金融、贸易、信息、咨询、科技教育等,提高地区经济的结构弹性。沿若干开发轴线培植新的或次级增长极,以增加"区域储备",促进区域经济向纵深发展。

处在成熟阶段的地区:在产业结构上,要果断淘汰比较优势已经丧失的产品和产业,着力发展新兴产业,并引进和运用新技术,改造传统产业,实现产业结构的优化组合,保证产业结构动态化。在市场结构上,要大力发展外向型经济,进行跨国经营,接受国际市场的挑战,促进区域经济走向世界。在空间结构上,以城市为中心,加快向外围地区的产业扩散,组成城乡一体化的大城市经济圈。以资本为纽带,实现资产重组,跨部门跨行业集团化经营,走立体化道路。在发展目标上,更重视社会目标和生态目标,即使是经济目标,也强调经济增长的质量和效益。

二、区域发展的空间过程规律和区域开发空间模式理论

(一)区域发展的空间过程规律

区域空间结构是在一定地域范围内各种经济之间相互联系、相互作用而形成的空间组织形式,城镇是各种经济活动在地域上的结合点,是地域空间组织的中枢。工业和服务业是城镇的主体,它们的分布特征会直接影响到城镇体系的特征;农业通过相关的工业和服务业来影响城镇的分布和发展。尽管区域空间结构的核心是城镇体系,但研究的出发点首先应该是区域中对城镇体系影响较大的那些部门的空间分布,而后推论城镇体系的变化规律。

因此,区域空间结构的分析是以部门结构分析为基础,从不同阶段部门结构的发展特征来分析部门空间分布以及对城镇分布的影响。据此,提出与部门结构演变相对应的区域空间结构演变四阶段模式。

1.低水平的均衡阶段

低水平的均衡阶段是以经济活动分散孤立、小地域范围内的封闭式循环为特征的空间结构,这是处在准封闭型的自给自足的小农经济结构中,区域经济水平低下,非基本部门占有绝对优势,其规模有限,

影响空间范围狭小,经济主体是农业,另外还有为本地服务的商业、地方农产品加工工业和地方小型制造业等。它们在一定地域范围内构成内部封闭循环的空间单元。一般来看,县域是这种封闭空间的最基本单元,区域内经济活动前向、后向联系甚少。

因此,在城镇体系中,城镇等级均衡,各级城镇单个和总体的规模较小,城镇的职能均较单一,相互联系较少,而且是以上、下等级城镇之间的行政、商业以及其他服务性活动的联系为主,同级城镇之间缺乏较密切的联系,更谈不上职能分工;区域被围绕着县城为中心的各个较小封闭区域所分割,诸多相互孤立的县城是区域城镇体系的主体,形成低水平的、均衡的、稳定的城镇体系。

2. 极核发展阶段

极核发展阶段是以极核发展为特征的空间结构,在此阶段,基本部门开始形成,以水平发展为主,集中发展几个主要的基本部门,但区域经济基础仍很薄弱。因此,在空间布局上,无论是依赖区内的支持还是靠区外的援助,总是积聚这些经济力量,选择地理位置优越和交通条件、经济基础比较好的城镇,形成具有优势的区位,集中发展那些基本部门,形成区域发展的极核点(地带),在极核点(地带)上也吸引了基本部门较大规模的集聚。基本部门的特性不同,其分布特点也不同。

以农业轻工业为基本部门的类型区域,农业、轻工业的分布是相对均质的、普遍在的,其影响在空间上是均衡的,通常促使区内较高等级中心城市发展形成区域经济发展的极核,这种优先集中发展的城市称之为极核城市,而在较小的低级城镇则只有农产品粗加工工业。在以矿业和其前向联系的加工业为基本部门的类型区域,矿业及其加工业的布局受到资源分布的约束。在资源分布的地域,采掘业、加工业和协作配套的交通运输业、机械工业、建材工业等大规模地、急剧地发展起来,工矿城镇也随之迅速发展,成为区域经济发展的极核地带,其中较大的城镇可成为区域中心城市。

因此,总特征为:基本部门在空间集聚发展,促使较高等级城市发展迅速,形成区域经济发展极核;但基本部门结构并不复杂,所以城市经济结构比较简单,较低等级城镇变化不大,城镇之间联系仍以不同等级的纵向联系为主,形成了极核城镇发展较快的非均衡城镇体系。

3.扩散阶段

扩散阶段是以由极核城市(地带)向外扩散为特征的空间结构,此阶段区域经济发展已具有一定的基础,基本部门体系以垂直发展为主,前向联系向纵深发展,它的层次更加丰富,使原有不同层次的活动在空间分布发生变化,在极核城市(地带)涌现出新的更高层次的经济活动,它原来具有的某一层次经济活动向较低等级城镇扩散,或在这些城镇涌现,区域经济水平提高,较低等级城镇也具有进行这一层次经济活动的门槛水平。

基本部门的垂直发展和空间分布变化,城镇发展由极核城市的发展转向在城镇体系中由高到低、逐级递进和均衡化方向发展,极核城市与基本部门所扩散的城镇之间有较为密切的经济联系,因而形成非稳态的,由极核城市向较低等级城市逐步扩散发展的城镇体系。

4.高水平的均衡阶段

高水平的均衡阶段是以网络化、均衡化、多中心为特征的空间结构,区域社会经济已经比较发达,产生了一些新的基本部门,形成了多样化、多层次的基本部门体系,这些部门主要依赖于较好的社会经济环境,它们空间布局具有更大的自由度;两大部门体系内的部门种类、层次以及相互关系变得更为繁多复杂,表现在空间上为非集聚、网络状交错分布,使城镇的经济结构出现多样化,也就造成了各城镇在职能上的分异,打破了单一部门结构所造成的同级城镇的经济结构相似性较大和互不关联的局面,促成了同级城市和不同等级城市之间相互联系的网络,各级城镇的经济结构变得复杂稳定,都得到相应的发展,因而城镇体系向均衡化发展。

并且区域内多种较高等级的经济活动在空间分布出现分异,通常不是集中于单一中心城市,而是分别分布于多个城市,使这些城市具有某种较高等级的经济职能,提高它们在城镇体系中的地位,出现了多中心的空间结构。总体来说,此阶段城镇体系的特征是:均衡化、网络化和多中心,城镇化水平较高,城镇群体在空间分布和规模结构较为均衡,以一个综合性中心城市或数个职能分异、互补的中心城市为核心,构成大、中、小城镇之间交错联系的均衡网络。

(二)区域开发空间模式理论

1.增长极模式(据点式开发模式)

一国或一地区经济的增长,在地理空间上不是均匀发生的,它不同程度上呈点状分布,通过各种渠道影响区域经济。把推动性工业嵌入某地区后,将形成集聚经济,产生增长中心,从而推动整个区域经济的发展。这就是增长极开发模式。

增长极模式适用于区域经济的初始阶段,或经济的稀疏区、经济不发达地区。增长极的建设与改造,须加强推动工业与地方工业的融合,增强前后向关联效应,要谨防推动性所引起的经济增长跳离所处地区,增长极变成"飞地"。同时围绕增长极中心诱发和引导建立新的次一级增长极,利用增长中心发展到一定程度后扩散效应大于极化效应的有利时机,建立增长极体系或增长极系统,不断地拓展增长极的吸引范围。一方面,可借以全面振兴区域经济;另一方面,也为下一个时期的点轴开发打下基础。

2.点轴开发模式(以点轴为主线的条带式开发模式)

此处所谓的"点"是一定区域内的各级中心城市,"点"是指区域中的各级中心城市,"轴"是连结点的线状基础设施束,包括交通干线、高压输电线、通信设施线路、供水线路等工程性线路等。凭借"线"把各个"点"有机地联系起来,便形成了点轴系统。

实际上,中心城市与其所吸引范围内的次级城市相互影响相互作用,形成了一个有机系统——城市系统,有效地带动着区域经济的发展。点轴贯穿于这些复杂的城市系统之间,构成了以点轴为主线的条带式开发系统。

分布于轴线上各个中心城市的能量不同,对周围地区吸引力有异,通常造成条带不规则性。从点轴系统中"点"的密集程度及条带的宽度上,我们还可以认识这个条带开发系统在不同地段上辐射力的强弱。区域内的中心城市是可以分级的,同样,我们也可以把全国或某个区域内的"发展轴"分成若干等级,根据经济实力,对点轴为主线的条带系统及不同级别的点轴系统进行梯度开发。

3.网络开发模式

在较发达地区或经济重心区,交通发达,城市密集度较大,农村经济活跃,中心城市外围地区的经济发展速度快于核心部位,"点""线""面"组成了一个有机的整体,从而使整个区域得到了有效的开发。

4.区域开发的其他空间模式

生产地域综合体开发模式:地域生产综合体(Territorial Production Complex 简称TPC)是一种按照一定地域范围组织生产的理论(模式)。TPC理论是苏联经济系统工作者在区域开发特别是在新区开发中对如何合理发展区域经济提炼总结出来的一种科学规律。这种理论的一些合理内核如生产结构理论、专业化与综合发展理论及动态理论都是从计划体制的土壤上诞生的,但一经抽象而上升到理论高度,具有相对广泛的适应性。该理论有以下几个特点:

第一,以有限的空间为核心集中投入资源,形成生产要素的地域性集中,这是与经济学中成本最小化和集聚化经济原则相吻合的。

第二,注重于产业之间发展的和谐性。TPC原理主要是从产业结构角度来探讨区域经济发展的规律性,因而注重产业之间结构上的比例关系,这无论是在产业之间的联系链条上,还是生产性产业与服务性产业之间的配置上都能看出这种规律性。

第三,从动态变动的角度看待区域经济发展。生产地域综合体开发模式可以纳入增长极开发模式范畴。

梯度推移模式基础是美国的跨国企业问题专家弗农等的工业生产生命循环阶段论。认为工业各部门甚至各种工业产品都处在不同的生命循环阶段上,在发展中必须经历创新、发展、成熟、衰老四个阶段,并且在不同阶段,将由兴旺部门转为停滞部门,最后成为衰退部门。区域经济学者把生命循环论引用到区域经济学中,创造了区域经济梯度转移理论。根据该理论,每个国家或地区都处在一定的经济发展梯度上,世界上每出现一种新行业、新产品、新技术都会随时间推移由高梯度区向低梯度区传递,威尔伯等人形象地称之为"工业区位向下渗透"现象。

"核心—边缘"开发模式:弗里德曼提出的"核心—边缘"理论模式认为,任何一个国家都是由核心区域和边缘区域组成。核心区域是由一个城市或城市集群及其周围地区所组成。边缘的界限由核心与外围的关系来确定。核心区域指城市集聚区,工业发达、技术水平较高、资本集中、人口密集、经济增长速度快的区域。

边缘区域是那些相对于核心区域来说,经济较为落后的区域,又可分为过渡区域和资源前沿区域。在区域经济增长过程中,核心与边缘之间存在着不平等的发展关系。总体上,核心居于统治地位,边缘在发展上依赖于核心。

核心与边缘之间的贸易不平等,经济权力因素集中在核心区,技术进步、高效的生产活动以及生产的创新等也都集中在核心区。核心区依赖这些优势从边缘区获取剩余价值,使边缘区的资金人口和劳动力向核心区流动的趋势得以强化,构成核心与边缘区的不平等发展格局。核心区发展与创新有密切关系。核心区存在着对创新的潜在需求,创新增强了核心区的发展能力和活力,在向边缘区扩散中进一步加强了核心区的统治地位。但核心与边缘区的空间结构地位不是一成不变的。核心区与边缘区的边界会发生变化,区域的空间关系会不断调整,经济的区域空间结构不断变化,最终达到区域空间一体化。

都市圈开发模式与"核心—边缘"模式相似,但更强调中心城市的作用。关于都市圈的内涵,国内外对都市圈有不同的界定,但大体上可以理解为:都市圈是由一个或多个核心城市以及与这个核心在空间上密切联系、在功能上有机分工相互依存,并且具有一体化倾向的邻接城镇与地区组成的圈层式结构。都市圈开发模式的思路打破行政界限,按经济与环境功能的整合需求及发展趋势,构筑相对完善的城镇群体空间单元,以此作为更广阔空间组织的基础,同时增强区域的整体竞争力;构筑一体化的基础设施及网络化联系。实际上,都市圈开发模式是城市经济区开发模式,也是区域一体化在城市经济区层面上的另一种说法。依据都市圈发展过程及时调整空间结构。

参照前述的增长极模式、点轴模式和网络开发模式,在都市圈不同发展阶段采取不同的空间战略。首先是核心——放射空间模式。在大都市初期的扩散过程中,通常沿主要轴线扩展,一般不具备圈层扩展的能力,但在区域中具有明显的区位优势、规模优势和功能优势。通过重点培育核心城市,构建放射通道来带动整个区域的发展。这是都市圈空间结构的初级阶段。其次是核心——圈层空间模式。随着城市经济的发展,核心城市扩散作用明显,从轴向扩展为主转向圈层扩展为主。一些在区域中有明显核心地位的大都市,如首都、省会城市和一些重要的经济中心城市,其功能除了作为区域的政治经济中心和管理决策中心外,还同时具备商业中心、研究与革新活动、大银行、大型公司或集团总部所在地的功能,城市综合功能突出,区域交通基本围绕这些城市向外围腹地组织扩展,由此构建核心——圈层空间结构。这是核心——放射结构的发展。最后是多中心网络化空间模式。区域经济在向高级阶段演化的过程中,借助高度发达的通信和一体化快速交通网络,区域城镇群体空间必然向多中心网络化的空间结构演化。这是都市圈空间结构的高级阶段。

三、区域协调发展理论

区域经济发展不平衡,是国土辽阔国家或地区的普遍现象。受自然环境、交通运输条件、市场机制、国际贸易关系以及国际资本流动等因素的影响,沿海国家生产要素的空间配置和经济活动向靠近海岸线的地区集聚具有一定的客观必然性。随着生产力发展和社会进步,对区域经济发展差距进行调节,逐步缩小区域经济与社会事业发展差距,成为经济社会发展的客观要求。区域协调发展的实质,是区域总体发展过程中效率与公平的统一。区域发展的协调性,通常从下述两方面进行检测。

第一,地区发展水平、收入水平和公共产品享用水平。在坚持自力更生的前提下,缩小不发达地区在基本公共产品供给水平上的差距,需要上级政府的财政转移支付和发达地区的援助。

第二,区际分工协作的发育水平。各个地区要素禀赋的差异和发展所处阶段的不同,决定了不同地区各自的比较优势。结构和特色各异的区域经济耦合而成的国民经济,充分利用了区际分工协作利益,就可以兼收协调高效之利。反之,如果盲目重复建设,地区结构趋同,则既丧失了区际分工协作之利,又导致过度竞争的内耗,造成双重损失。区际分工协作稳定发展的前提是互惠互利,按照等价交换原则,维护区际利益的协调,使各地区共享发展机会,共享发展成果。

(一)区域空间规划的内涵

区域规划的主要目的是通过资源、人口和经济活动的空间配置,来协调不同空间单元的发展,解决区域性问题和空间差异,营造区域整体竞争力。具体而言,空间规划的内容包括:从空间或地域的角度平衡经济和社会的发展;各功能区的合理的空间组织;有关国土资源的合理开发和有效利用;改造大自然的大型工程的论证及后效应预测;有关规划地区生产建设的总体布局;有关规划地区的水源、能源交通、通信等基础设施的综合治理以及经济发展和自然环境的协调等。

(二)区域空间结构理论

1. 空间结构内涵

空间结构是指社会经济客体在空间中相互作用及所形成的空间集聚程度和集聚形态。空间结构特征是区域发展状态的重要指示器。但区域空间结构不是单纯的空间构架,它在区域经济活动中具有特殊的经济意义。第一,区域空间结构通过一定的空间组织形式把分散于地理空间的相关资源和要素连接起来,这样才能够产生种种经济活动。第二,区域空间结构能够产生特有的经济效益,如节约经济、集聚经济和规模经济等。

2.全球化背景下"城市区域"理论

经济全球化正在导致世界主要国家的经济和社会重整,其中包括了区域和城市的重新定位。特别是这种"社会—空间"变革重塑了城市的功能和全球城市等级体系。目前,很多学者认为,在新的信息技术支撑下,伴随全球化过程,世界经济的"地点空间"正在被"流空间"所代替。

当前世界体系的空间结构是建立在"流"、连接、网络节点的逻辑基础之上的。于是,理解地区之间的空间关系就不能再以地理位置关系为出发点,而应该着重了解和分析地区之间各种"流"的联系及其方式和强度,如人才流、运输流、电信流、资金流等。

3.人地关系地域系统理论

人地关系地域系统(以下简称"人地系统")的理论视角是区域空间规划另一个重要方法论基础。该理论认为,人类作用于自然环境的强度和范围越来越大,因而越来越强烈地改变着自然结构和社会经济结构的时候,地球表层系统中两大类(组)要素相互作用于"人"和"地"的关系,成了地球表层系统中的最值得重视的主要关系。"人地系统"分析要求对各部分的解剖和各部分相互关系进行研究;也就是说,通过"结构"研究而认识"系统"。

(三)区域空间规划的方法

区域规划的各项任务最终都要落实到空间上,一般说来,区域空间规划可以分为三个步骤。首先确定发展轴线(经济带),然后选择"门户城市"或者对小尺度区域而言的"增长极",最后确定不同功能区的空间范围。区域空间规划的目标是通过资源、人口和经济活动的空间配置,来协调不同空间单元的发展,解决区域性问题和空间差异,营造区域整体竞争力。而不同尺度的区域规划的任务重点是有所不同的。

对于较大尺度的区域而言,空间规划常采用纲要的形式,规划涉及的内容职能作些许方向性、原则性、轮廓性的规定,随着尺度的变小,规划的内容也逐步具体化。

由上可见,不同功能区域的划分方法是空间规划方法的核心。为划定不同的功能区域,可采用指标提取法、要素依托法、特征识别法、叠加法等方法。

第一,指标提取法。根据各功能区域的特征,选取直接的调查数据、统计指标或计算综合指数,确定界值,从而划定功能区。例如,城镇群是区域中的人口、产业和城镇密集区,可采用人口密度、人均GDP、城镇密度、城镇人口密度等指标加以界定。

第二,要素依托法。有的功能区依托特定的关键条件和要素而形成,这些条件和要素如重大资源、枢纽工程、交通线、核心城市等,通过评估对要素的依托程度划定相应的功能区。

第三,特征识别法。此种方法也是一种定性判别法,通过对诸如生活方式、土地利用方式、交通条件及沟通方式等特征的识别,确认功能区的界限。

第四,叠加法。叠加法是对各种界定功能区的方法的应用结果的综合叠加,具有综合判别的特点,可避免单一方法的片面性。

第三节 区域分工合作理论

一、区域分工理论

(一)区域分工

区域分工也可以称作地域分工或劳动地域分工。地域分工是部门分工在地域上的体现与落实。经济活动必须在一定的地域空间上才能进行,因此,部门分工必然要在地域上有所表现。这势必导致一个国家或地区为另一个国家或地区劳动,该劳动成果由一个地区转移到另一个地区,使生产地和消费地分离。

劳动社会分工是由劳动部门分工和劳动地域分工两大部分组成的。劳动部门分工是劳动社会分工的基础,而劳动地域分工则是劳动社会分工(主要指劳动部门分工)在地域上的表现和落实。

(二)劳动部门分工

劳动部门分工即人类经济活动按部门所进行的分工。马克思在《资本论》中把部门分工分为三个层次:第一,把国民经济分为工业、农业、交通运输三大部门的分工称作一般分工。第二,在三大部门基础上又细分为众多部门的分工称作特殊分工。第三,把工厂内部的分工称作个别分工。随着生产力的进一步发展,部门分工还将进一步深化下去。

劳动地域分工是劳动社会分工的空间表现形式,它表现为一个国家和地区为另一个国家和地区劳动,该劳动成果由一个地区转移到另一个地区,使生产和消费不在一个地区。地域分工的根本动力是经济利益。

(三)形成地域分工

形成地域分工有三种情况:一是自然条件和经济技术限制,某一国或地区不能生产某产品,如煤炭、石油等,只在特定地域赋存,其他地域无法生产,只能靠区外调入。二是生产成本很高,不如由区外调入某种产品更有利。这包括两种情况:本地成本 > 外地成本+运费(+关税……)或本地价格 > 到岸价格,如我国的飞机制造业,应该说,造飞机的技术是有的,但目前我们造一架飞机比买一架飞机的费用大得多,故需进口飞机;本地生产此种产品不如干别的更能赚钱,如日本、韩国均能造船,但与其把劳力、资金用于造船,不如用于生产电子、汽车等更赚钱,所以,他们逐渐放弃了造船业。三是规模经济的作用对条件相同的地区而言,分工协作,既可保证需求,又可得到规模经济的利益。

如目前我国的汽车组装业,可以说,除西藏外,各省都有技术条件开展此项工业,但没有必要都去做。生产要求分工,分工反过来推动生产的发展,因而地域分工必然随着生产的发展而不断深化,表现为越来越复杂,越来越广泛。[①]

二、区域合作理论

(一)区域合作的意义

区域合作是与地域分工相伴而产生的。因为,伴随着区域之间竞争的加剧,区域之间相互依赖程度也逐渐加深。出于各自发展利益的需要,区域之间在分工的基础上就必然要开始寻求合作。区域合作是现代区域经济发展的普遍现象,它的经济意义在于,区域之间通过优势互补、优势共享或优势叠加,把分散的经济活动有机地组织起来,形成一种合作生产力。通过合作所获得的经济综合优势所产生的经济效益是分散条件下所难以取得的。通过合作可以冲破要素区际流动的种种障碍,促进要素向最优区位流动,加强区际经济联系,形成区内和区际复杂的经济网络,提高区域经济的整体性和协调能力。

(二)区域合作的原则

在区域经济发展过程中,相互竞争是主流,合作是为了最终竞争胜利的需要。所以,区域合作就必然要遵循一定的原则,否则合作就无从产生和继续。具体来说,区域合作需要遵循以下几个原则:一是自愿平等,互惠互利。各个区域进行合作实际上是为了更好地追求和维护自己的经济权益,所以区域合作就必须是自愿、平等的。更重要的是,合作必须给参与的各方都带来比单独发展更多的经济收益。否则,合作就缺乏凝聚力,不可能长期维持。二是优势互补,相互协调。区域合作要尽量发挥各个区域的经济优势,相互取长补短,优势互补,扩大经济优势的影响力。这样,才能形成区域经济发展的合力,创造出单个区域所无法获得的经济效益。三是区域之间在空间上尽量相连。空间上相连的区域一般都存在各种各样的传统经济联系,这是促成合作的重要基础。同时,区域之间在空间上相连便于要素流动,有利于开展合作。此外,空间上相邻的区域通常具有相同或相似的社会文化背景,这对于开展合作是很有利的。但是,随着现代经济的发展,

---

①龙拥军. 基于主体功能区的重庆市区域统筹发展研究[D]. 重庆:西南大学,2013.

空间关系对区域合作的影响并不是决定性的。

(三)区域合作的类型

从要素配置的角度考察,区域合作包括了区域之间的要素自由流动建立共同市场、建立经济联合组织、协调资源开发、合理保护环境、协调经济发展政策、共同维护经济秩序、保持经济的稳定性、对外采取一致的经济政策和行动以增强竞争力等。

从形式上看,区域合作主要有行业合作、区域全面合作。行业合作是指区域之间同一经济部门或几个经济部门的相关企业,按照一定的组织原则与方式相互结合,优势互补,共同发展。行业合作包括了区域性的生产合作、商业合作、运输合作、物资合作、金融合作和综合的行业合作。

具体而言,区域性生产合作是分布于不同区域的生产企业按照相互间的原料、燃料、产品、技术、资金、设备等方面的联系组织在一起,开展合作。区域性商业合作是依靠分布于各区域的商业企业与其周围的生产企业的联系,扩大进货渠道,及时了解各地的市场供求信息。同时,在各商业企业之间实行联购分销、分购联销、相互调节、相互委托代办购销业务等,从而有利于各商业企业的发展,又有利于做活区际商品流通。区域性运输合作,是区域之间各种运输企业为开展联合运输或综合运输而进行的合作。通过相关运输企业开展联运业务,进行合理分工和密切配合,可以减少中转环节,从而保证准时、安全、高效地进行区域之间商品、人员等的运输。区域性物资合作能够使各物资企业之间互通有无,沟通区域间的物资供求信息,进行物资的合理调配,共同建立物资供应基地。这样,既有利于各企业的发展,又有利于建立统一的区域物资市场,做活区域之间的物资流通。

区域性金融合作是区域之间各金融机构为加快资金周转、提高资金使用效率、满足区域经济发展对资金的需求而开展的合作。金融合作能够充分利用各区域在资金使用方面的时间差或空间差,通过各金融企业之间的相互合作,沟通信息,融通资金,发展区域金融市场,满足区域经济发展对资金的需求。

区域性综合行业合作是区域之间相关的多个部门的企业所开展的合作。它能够把分散于不同区域的资源开发、产品加工、商品运输、商品销售等经济活动有机地联系在一起,大大增强区域之间的联系,推动区域经济一体化。区域全面合作,是指区域之间在有关政府的推动下,相互之间开展多方面或全面的经济合作,它的功能如下:其一,建立区域市场,推动内部各区域之间资源要素的合理流动。通过举办商品交易活动,建立各种大型交易市场,形成多形式、多层次、多渠道的商品流通网络,互通有无,平抑物价,稳定市场。其二,联合开发资源。对各区域的自然资源、技术、资金、人力等采取联合开发,加工增值,多方受益,提高资源利用效率。其三,联合改善区域交通条件。共同修建跨区域的交通干线和通信设施,方便相互间要素流动、信息传递。其四,开展资金横向融通。各区域的金融机构联合起来形成多渠道、多形式的金融合作网,在区域之间调节资金余缺,加快资金周转。其五,建立信息网络。通过各区域之间相关行业的横向合作沟通信息,建立综合信息中心来传递信息。其六,共同协调,解决跨区域的环境保护问题。

第四节 产业集群和工业化理论

一、产业集群理论

产业集群是指在特定区域中具有竞争与合作关系,且在地理上集中,有相互关联性的企业专业化供应商、服务供应商、金融机构、相关产业的厂商及其他相关机构等组成的群体。不同产业集群的纵深程度和复杂性相异。代表着介于市场和等级制之间的一种新的空间经济组织形式。许多产业集群还包括延伸而涉及的销售渠道、顾客、辅助产品制造商、专业化基础设施供应商等,政府及其他提供专业化培训、信息、研究开发、标准制定等的机构以及同业公会和其他相关的民间团体。

产业集群超越了一般产业范围,形成特定地理范围内多个产业相互融合、众多类型机构相互联结的共生体,构成这一区域特色的竞争优势。产业集群发展状况已经成为考察一个经济体,或其中某个区域和地区发展水平的重要指标。

(一)产业结构和产品结构

从产业结构和产品结构的角度看,产业集群实际上是某种产品的加工深度和产业链的延伸,在一定意义讲,是产业结构的调整和优化升级;从产业组织的角度看,产业集群实际上是在一定区域内某个企业或大公司、大企业集团的纵向一体化的发展。如果将产业结构和产业组织二者结合起来看,产业集群实际上是指产业成群、围成一圈集聚发展的意思。也就是说,在一定的地区内或地区间形成的某种产业链或某些产业链。

(二)产业集群的核心

产业集群的核心是在一定空间范围内产业的高集中度,这有利于降低企业的制度成本(包括生产成本、交换成本),提高规模经济效益和范围经济效益,提高产业和企业的市场竞争力。从产业集群的微观层次分析,即从单个企业或产业组织的角度分析,企业通过纵向一体化,可以用费用较低的企业内交易替代费用较高的市场交易,达到降低交易成本的目的。通过纵向一体化,可以增强企业生产和销售的稳定性;可以在生产成本、原材料供应、产品销售渠道和价格等方面形成一定的竞争优势,提高企业进入壁垒;可以提高企业对市场信息的灵敏度;可以使企业进入高新技术产业和高利润产业等。

产业集群提高了产业的整体竞争能力,加强了集群内企业间的有效合作,增加了企业的创新能力和促进企业增长,发挥了资源共享效应,有利于形成"区位品牌"。所以,产业集群不仅是一个客观存在的经济规律,也成为区域规划、国土规划的一个战略。①

---

①林则夫,刘一博.循环经济与产业集群关系的理论与实证分析[J].北方经贸,2013(09):12-13.

二、新型工业化理论

工业化是由农业经济转向工业经济的一个自然历史过程,存在着一般的规律性;但在不同体制下,在工业化的不同阶段可以有不同的发展道路和模式。新型工业化道路主要"新"在以下几个方面。

(一)新的要求和新的目标

新型工业化道路所追求的工业化,不是只讲工业增加值,而是要做到科技含量高、经济效益好、资源消耗低、环境污染少、人力资源优势得到充分发挥,并实现这几方面的兼顾和统一。这是新型工业化道路的基本标志和落脚点。

(二)新的物质技术基础

我国工业化的任务远未完成,但工业化必须建立在更先进的技术基础上。坚持以信息化带动工业化,以工业化促进信息化,是我国加快实现工业化和现代化的必然选择。要把信息产业摆在优先发展的地位,将高新技术渗透到各个产业中去。这是新型工业化道路的技术手段和重要标志。

(三)新的处理各种关系的思路

要从我国生产力和科技发展水平不平衡、城乡简单劳动力大量富余、虚拟资本市场发育不完善且风险较大的国情出发,正确处理发展高新技术产业和传统产业、资金技术密集型产业和劳动密集型产业、虚拟经济和实体经济的关系。这是我国走新型工业化道路的重要特点和必须注意的问题。

(四)新的工业化战略

新的要求和新的技术基础,要求大力实施科教兴国战略和可持续发展战略。必须发挥科学技术是第一生产力的作用,依靠教育培育人才,使经济发展具有可持续性。这是新型工业化道路的可靠根基和支撑力。

第五节 经济全球化和区域经济一体理论

一、经济全球化

经济全球化是指世界经济活动超越国界,通过对外贸易、资本流动、技术转移、提供服务、相互依存、相互联系而形成的全球范围的有机经济整体。经济全球化是现代世界经济的重要特征之一,也是世界经济发展的重要趋势。经济全球化主要通过生存要素、生产要素在全球范围内进行配置来实现贸易自由化。

随着全球货物贸易、服务贸易、技术贸易的加速发展,经济全球化促进了世界多边贸易体制的形成,从而加快了国际贸易的增长速度,促进了全球贸易自由化的发展,也使得加入WTO组织的成员中以统一的国际准则来规范自己的行为。生产国际化。生产力作为人类社会发展的根本动力,极大地推动着世界市场的扩大。以互联网为标志的科技革命,从时间和空间上缩小了各国之间的距离,促使世界贸易结构发生巨大变化,促使生产要素跨国流动,它不仅对生产超越国界提出了内在要求,也为全球化生产准备了条件,是推动经济全球化的根本动力。

(一)世界性的金融机构网络

大量的金融业务跨国界进行,跨国贷款、跨国证券发行和跨国并购体系已经形成。世界各主要金融市场在时间上相互接续、价格上相互联动,几秒钟内就能实现上千万亿美元的交易,尤其是外汇市场已经成为世界上最具流动性和全天候的市场。

科技全球化是指各国科技资源在全球范围内的优化配置,这是经济全球化最新拓展和进展迅速的领域,表现为,先进技术和研发能力的大规模跨国界转移,跨国界联合研发广泛存在。以信息技术产业为典型代表,各国的技术标准越来越趋向一致,跨国公司巨头通过垄断技术标准的使用,控制了行业的发展,获取了大量的超额利润。[1]

经济全球化的四个主要载体都与跨国公司密切相关,或者说跨国公司就是经济全球化及其载体的推动者与担当者。

以信息技术革命为中心的高新技术迅猛发展,不仅冲破了国界,而且缩小了各国和各地的距离,使世界经济越来越融为整体。但经济全球化是一把"双刃剑"。它推动了全球生产力大发展,加速了世界经济增长,为少数发展中国家追赶发达国家提供了一个难得的历史机遇。

(二)区域经济一体化

经济全球化必然要求区域经济一体化,区域经济一体化也是近邻地区之间经济合作的理想状态和最终形式。所谓区域经济一体化,是指在区域经济发展过程中,为了达成社会经济资源的优化配置,实现资源共享、功能互补、联动发展、利益共享,就必须推动社会经济资源的区际循环,形成一种区际分工与协作的区域经济发展格局。

二、区域经济一体化的运行机理

(一)基础

共同利益机制。经济一体化的实质就是在合理分工和充分协作的基础上形成区域共同利益,而这种共同利益又是区域内各经济主体共同分享的,也是各行政主体所共同追求的。因此,区域经济一体化的过程也就是区域共同利益目标的探索过程和区域共同利益机制的形成过程,离开了区域经济共同利益机制的作用的发挥,经济一体化就要受到影响乃至阻碍。从这个意义上说,区域经济共同利益机制就成为区域经济一体化的核心基础和动力源泉。当然,在不同的时间、不同的领域、不同的地点,区域共同利益的内涵和外延具有动态性和不确定性,关键是能否找到不同时点上的共同利益的"平衡点",进而推动区域经济一体化。

---

[1]巫云仙,张弛.全球化与中国经济(第3辑)[M].北京:首都经济贸易大学出版社,2016.

（二）标志

资源配置的最优化。经济一体化的实现条件是生产要素等社会经济资源配置的最优化。在市场经济条件下,区域内的生产要素总是向着具有取得最大效益的区位流动的动力和趋势,而这种高度的流动性则推动了区域内社会经济资源达到最优化配置的状态。因此,区域一体化的发展进程也就是区域社会经济资源配置最优化的过程。在区域经济共同利益作用下,社会经济资源的流动应该是有序的、自然的、顺畅的、有效率的、双向或多向的,而不是无序的、人为的、有障碍的、无效率的、单向的。

（三）动力

市场与政府的合力。在经济一体化的进程中,市场对社会经济资源的优化配置起着基础性的作用,而政府则对市场机制的发育、市场体系的健全、市场规则的完善以及市场环境的优化起着重要的建设性作用。在现实条件下经济区域和行政区域的共存,市场与政府这两种推动力量的着力点有差异,作用的方式和作用的结果也有差异,但归根到底还是在于形成推动经济一体化发展的合力。从这个角度来审视,市场与政府所形成的合力,直接影响到经济一体化的推进方式、发展进程以及演化结果,这就需要使市场和政府两种推动力量形成相互依存、相互补充、相互促进的态势,而不应该是相互排斥、相互阻碍。

由此可见,经济一体化的最终目标,就是要形成区域经济共同体或区域经济共同体系,并最终形成社会经济资源配置自然流向的、垂直分工与水平分工并存的区域经济发展格局,从而促进区域内各成员主体的共同发展和共同繁荣。

（四）区域经济一体化的基本特征

要素市场和产品市场一体化。这是经济一体化的前提条件和重要基础。要素市场和产品市场是整个经济运行的两端,从经济活动的开始到经济活动的结束,就是要素投入和产品销售的整个过程。在市场经济条件下,市场对社会经济资源的优化配置起着直接的推动作用,没有一体化的市场,就不可能实现社会经济资源的最优化配置。

产业结构和产业布局一体化。这是经济一体化中社会经济资源优化配置的实现形式和最终结果。社会经济资源是否实现了最优化配置,必须对配置的最终结果进行检验,而进行检验的一个重要方面,就是通过产业结构和产业布局呈现出来的。在经济区域内,产业结构和产业布局不合理,直接反映着社会经济资源配置的低效率乃至负效率,并最终影响到区域经济一体化的进程。

基础设施和环境保护一体化。这是实现经济一体化发展的重要桥梁和实施路径。市场建设和要素流动都是通过基础设施作为实施条件的,而产业结构与产业布局的形成也是以基础设施作为依托条件的。因此,区域内基础设施完善成网的程度,直接影响到要素流动的规模与水平,并最终影响到市场一体化的发展过程。此外,如果环境保护分而治之或缺乏必要的协调,会对要素流动的流向和流速起重要的影响作用。

城市体系和城市布局一体化。这是经济一体化的重要依托和实现载体。城市是区域经济发展的先导力量和重要阵地,不同等级、不同规模和不同功能的城市构成了经济区域内的城市体系,并呈现出一定的布局状态。各个城市之间,既存在着分工合作,又存在着功能互补,只有在城市布局科学合理的条件下,经济一体化才能变成现实。

经济运行和管理机制一体化。这是经济一体化的发展模式和构架基础。区域经济发展都是以一定的经济运行规则进行的,并且受到一定的管理机制的规范,不同的经济运行和管理机制,对经济发展起着不同的影响,而经济一体化则意味着要求区域内各经济主体具有相同的或相互协调的经济运行与管理机制。

制度构架和政策措施一体化。这是经济一体化的制度规范和法律保障。不同的制度构架与政策措施,不仅导致各经济主体经济发展结果的差异性,而且直接影响着经济一体化的发展进程。同时,经济一体化的发展进程,又对区域制度构架与政策措施一体化起着重要的推动作用。

第六节 空间管制与规划理论

一、空间管制与主体功能区理论

空间管制是市场经济发展过程中各级政府对城市社会经济发展进行宏观调控的有效手段,也是城市总体规划的主要内容。通过空间管制,促进区域的整合和治理、资源的有效利用、不利因素的克服,实现区域整体最优发展的目标。空间管制主要是用途管制,主体功能区规划的理论基础就是空间管制理论。

国家规划纲要将部分国土空间划分为优化开发、重点开发、限制开发和禁止开发四类主体功能区。主体功能区是根据不同区域的资源环境承载能力、现有开发密度和发展潜力、人口分布、城镇化格局,按照区域分工和协调发展的原则划定的具有特定主体功能的空间单元,属于一种典型的经济类型区。

推动形成主体功能区,是按照科学发展观的要求提出的一种区域发展新思路,其重要意义在于:加强主体功能区建设,有利于促进人与自然和谐发展,协调经济、社会、人口、资源和环境之间的关系,引导经济布局、人口分布与资源环境承载力相适应;划分不同类型的主体功能区,有利于强化空间管制,规范和优化空间开发秩序,逐步形成合理的空间开发结构;在做好主体功能区区划的基础上,明确各区域的主体功能定位和发展方向,有利于优化资源的空间配置,提高资源空间配置效率,推动形成各具特色的区域结构和分工格局,促进各区域协调发展;对不同主体功能区实行分类的区域政策,有利于根据不同区域的实际情况实行分类管理和调控。

目前,主体功能区划构想尚在探索之中,进入实施操作阶段还面临着各方面的挑战。

(一)主体功能区划分的基本范畴

主体功能区,是指根据不同区域的资源环境承载能力和发展潜力,按区域分工和协调发展的原则划分的具有某种主体功能的规划区域。划分主体功能区是国家实施可持续发展战略,实现空间科学发展的重大战略部署。[①]

"主体功能区"中的"功能",即区域的功能,土地的功能,不外乎生产、生活、生态及其服务。可以简单地归结为生产生活、生态两大类功能。主体功能区划以地球表层和国土空间(包括陆地和水面)为对象,区划的目的在于空间管制,引导开发方向,控制土地利用方式(方向和强度),提高国土利用的效益和可持续性。明确"主体功能区"中的"功能"是进行主体功能区划的基本前提。

"主体功能区"中"区"的形状。"主体功能区"中的"区"包括点、线、面三种形状。其中,"禁止开发区""重点开发区"以点状为主,兼有条带;"优化开发区""限制开发区"以"面状"为主。因此,"区"不一定集中连片,特别是禁止开发区、重点开发区,全国范围、一省范围不可能集中连片,因此,较大范围的地区不是仅划分四大块即可,而是嵌套式区划。

"主体功能区"中的"开发"。主体功能区开发,主要指产业集聚和人口集聚,尤其是产业非农化(主要是工业化)和人口城镇化(产业集聚/工业集聚和人口集聚)。无论工业化还是城市化,都涉及土地利用方式的非农化、非生态化。因此,控制了"土地利用方式及强度",就实现了主体功能区的管制。

(二)主体功能区的特点

主体功能区是政策性区域,既具有宏观战略引导性,也要考虑实际操作性;主体功能区不是"行政区",不要陷入"行政区"误区。所有的政策性区域都是针对"类型区"而言的,少有针对"行政区域"的。主体功能区也不是自然区域,因而不能以资源和环境承载力为基础进行

[①]曹小曙,李涛.土地利用与空间规划丛书:经济发达地区土地利用与民众利益[M].
西安:陕西师范大学出版社,2016.

区划。主体功能区是类型区而不是方位性区域;是均质区而不是结节区域。

主体功能区的稳定性和可变性。主体功能区应相对稳定,但也不是一成不变的,在不同时期重点开发区、优化开发区等区域是变化的。比如,有的重点开发区经过一段时间的开发,资源环境约束将增加,应将其转变为优化开发区。限制开发区和禁止开发区可能也是变化的。但禁止开发区不能越来越小,重点开发区也不能无限扩大。

不同地域,四类区域的划分标准有所不同。中央政府根据目前国土空间开发的现状问题、未来的发展趋势以及各区域在全国的战略分工定位,提出确定国家级主体功能区的全国统一标准。各省依照中央政府确定国家级主体功能区的标准,结合各省自身的实际情况,提出确立各省省级主体功能区的标准。中央政府制定的国家统一标准和省级政府制定的省级标准在指导思想和原则上应该是一致的,但是在标准的内容、阈值高低方面不一定完全一致。

(三)主体功能区的划分

明确主体功能区划分的依据、指标体系、方法和程序,是确保主体功能区划分的科学性和可操作性的基础。

1.区划的依据

理论基础:自然区划(包括生态区划)的理论基础是地域分异规律,经济区划的理论基础是地域分工理论。主体功能区划是自然区划和经济区划的融合,因此,主体功能区划的理论基础是二者的结合,即广义的地域分工理论(包括地域分异规律),或广义地域分异(包括地域分工)理论。

实践基础:广义(大范围)土地利用适宜性评价。基本地域单元的选择。禁止开发区和重点开发区都是客观存在、有明显边界的,对此二者的识别,不用再找基本地域单元。优化开发区和限制开发区,以省、地为基本地域单元都显太大,县也不小,甚至有的大乡大镇,也要进一步划分;主体功能区划分要打破行政界限,以大的生态格局和基础设施布局为基础。

2.区划的指标和指标体系

不同的区应该用不同的指标或标准来识别,有的"区"直接用关键指标就能划出来,如目前的重点开发区、禁止开发区,就采用"一票决定"或"一票否决"的方式进行划分,新建立指标体系或标准。难点在于限制开发区和优化开发区的识别。而从长期的变化看,"禁止开发区和限制开发区""重点开发区和优化开发区""优化开发区和限制开发区"之间也是较难区分的。而这三对的识别,不应用一套指标来识别。因此,建立"指标体系"不是最重要的,实际上可能也建不成统一的指标体系。关键是不要陷入环境决定论和技术决定论;能简化就简化,不要把简单问题复杂化。

不能以"资源环境承载力"作为确定主体功能的单一依据,资源环境承载力大的地区,不一定是重点开发区。如天安门广场,资源环境承载力很大,但不能开发、不能改变其目前的土地利用方式;又如某些水源地,虽然植被很好、水热条件很好,资源环境承载力比其他地区大,但也不能开发。

资源环境承载力低的地区,不一定不是重点开发区。如美国的拉斯维加斯是沙漠中的城市,那里原先的资源环境承载力不高,但通过集中建设、集中生产和生活,然后用较大的力度进行生态保护和环境治理,效果很好。

实际上就应该用较小的面积做生产和生活,用较大的面积做生态,提高环境质量;把好地方用作基本农田,保证粮食生产;而非农业生产、娱乐等建设用地不应该占用较好的土地。

要集中生产和生活,不能以目前的开发强度为标准来确定区域的主体功能,开发强度大的地区可作为重点开发区,如果它的承载潜力还很大,就可以进一步开发;也不一定就把它作为重点开发区,假如它的承载力已经有限,资源环境约束难以突破,就应该作为优化开发区或限制开发区,而不能作为重点开发区。同时,还要考虑提高其承载力的成本和收益。当然,不可能将其作为"禁止开发区"。

开发强度小的地区也不一定就作为重点开发区或限制开发区、禁止开发区,要考虑开发的成本效益和风险。

局部超载并不可怕,不能以资源环境承载潜力为标准确定区域功能。对一个区域的发展来讲,资源环境承载潜力是一个不可或缺的主要因素。但即使某一区域具有较大的承载潜力,也并不意味着它在将来就可以达到较高的开发密度。北京市资源环境承载潜力大的地区,是山前地带。但那里是北京的生态屏障,生态功能远大于经济功能,因而只能作为限制开发区而不能作为重点开发区。同时,资源环境承载潜力是可变的,可以通过南水北调提高受水地区的资源承载潜力,可以通过加大环境治理、生态维护提高地区的环境承载力。

总之,就是要集中生产和生活,塑造一个相对集中、高密度高效率的空间开发格局,把更大的面积留给生态。要从大的生态格局和重大基础设施布局出发确定各区域的主体功能。

主体功能区划,不是自然区划(依据自然分异规律),也不是经济区划(依据地域分工理论),而是生态—经济区划。宜经济性和宜生态性(广义生态,包括社会文化生态)是关键,见图2-1。因此,生态格局、当前重大基础设施布局等,要充分考虑,首先明确。

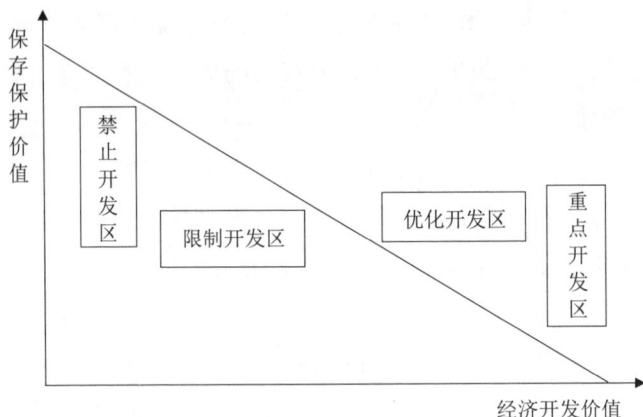

图2-1 主体功能区示意图

3.区划方法

主体功能区划的划分,一般可以采取以下几种方法:模糊综合评价法——适合于多样本(如二十几个甚至几十个),用于宜开发性、宜保护保存性评价、模糊贴近度测算；层次分析法——当划分对象很少、不多于十几个时，应采取层次分析法（AHP）用于宜开发性、宜保护保存性评价；还有判别分析法等。

主体功能区划的基本思路是，先分类，再分区。其中分类对象，即基本地域单元（空间单元）的确定是难点，同时还要考虑区域之间的差别。一般来说，每个省都应该有一定数量（比例）的重点开发区。分区采用区划分析方法，分别确定评价单元的经济开发价值和保存保护价值，而后采用列联表互斥的矩阵分类方法，进行经济开发价值与保存保护价值的分类考虑，综合考虑开发和保护价值，对各种评价单元的分区做出引导。

4.区划程序："自上而下"与"自下而上"结合

从国际经验看，以数据统计、信息搜集为目的的标准区域划分，一般采用自下而上的方法；而以制定和实施区域政策为目的的问题地区的划分，通常采用自上而下的方法。主体功能区划具有创新性、基础性和综合性特征，必须站在全局的高度，整体谋划和统筹区域发展，而且主体功能区划分的标准和指标体系要由国家组织制定。因此，开展主体功能区划宜采用"自上而下"演绎途径和"自下而上"的归纳途径相结合，两者双轨并进，互为补充。荷兰空间规划划分基底层、网络层、物态层即采用上下结合的方法。其中基底层自上而下确定；后两个层采取自下而上的方法确定，值得借鉴。

（1）自上而下定盘子、画框子、拟调子

完全以生态包括社会生态为主的地方，就是禁止开发区；以生态为主、以生产和生活为辅的地方就是限制开发区；完全以生产为主、目前环境承载力还有较大潜力的地方，就应该是重点开发区；完全以生产为主、目前环境承载力已经没有多大潜力的地方，就应该是优化开发区。

（2）自下而上找点子、抽条子、扣格子

不能动、不应动的地方，就是禁止开发区，包括各级各类保护区、文物古迹、已有重大设施、构筑物、基本农田、天然林等；可以动，但不能大动,只能微调的地方作为限制开发区;潜力很大,要大动、可大动、应大动的地方,近期能够实现高投入高产出的地方,就应该是重点开发区;开发强度已经很大,进一步开发潜力有限,需要提高产业结构、优化空间布局、调整土地用途的地方,作为优化开发区。

二、空间规划理论

空间规划是指涉及地域空间合理布局和开发利用的规划。在社会主义市场经济条件下,空间规划是政府统筹安排区域空间开发、优化配置国土资源、调控经济社会发展的重要手段。科学的空间规划可以弥补市场失灵,有效配置公共资源,促进经济社会可持续发展;可以约束市场主体的空间开发活动,有效避免区域空间的无序开发、错误开发和低水平开发;可以规范政府行为,成为政府履行职责的重要依据,促进科学行政、民主行政和依法行政。

空间规划包括区域规划、城镇体系规划、土地利用规划和主体功能区规划等。各类空间管理、使用主体不同,编制单位不同,规划方法不同,编制时限不同,通常造成各类规划之间各唱各的调、各走各的路。在管理上也是各自为政,互不相让,致使"调整"成为规划实施的常态,"拆迁"成为开发建设的常态。

建立和完善空间规划体系,明确空间规划的层次、从属关系和分级管理,合理界定各种空间规划的功能定位和规划内容,进一步理顺现有空间规划之间的内在联系、相互关系和编制时序。在国土规划缺位时,主体功能区规划是空间管制的基础性规划;空间规划体系的建立要以国民经济和社会发展规划为基础,以城镇体系规划和土地利用规划为支撑,以国土规划为基本依据。这就是说,国土规划是空间规划中的上位规划,其他规划都必须服从和服务于国土规划。

(一)弹性规划理论

弹性规划是相对于刚性规划而言的。近年来,"弹性规划"理念已逐步植根于我国规划编制思想中,并在规划成果中得到切实体现。国土规划属于软科学规划,不是所有的指标或要求都能用客观的、严谨的技术手段加以解决。因此,弹性规划更适合于新一轮国土规划。国土规划是在充分分析规划区域内国土资源利用状况的基础上,对国土利用供需因素进行科学预测,结合规划区域实际情况进行区域国土资源优化配置的技术方法和手段。

国土利用规划的核心问题是优化国土资源配置,焦点问题是解决好发展建设与生态环境保护之间的矛盾,具体问题是明确规划期内国土资源配置的方案。国土利用弹性规划的功能主要考虑经济发展中的不确定因素,解决传统规划中存在的不合理刚性问题,避免产生资源开发不合理、不合法及其经济负面效应。

（二）战略规划理论

在社会经济领域内,战略研究一般可以理解为"在较长的时间内（如五年、十年、二十年、五十年等）,根据对影响经济社会发展的各种因素和条件的预测,从关系经济社会发展全局的各方面出发,考虑和制定经济社会发展所要达到的目标、所要着力的重点、所要经过的阶段以及实现上述要求所要采取的力量布置和重大的政策措施。"

所以,战略研究具有全局性、长期性和综合性等特点。不论任何人在为战略研究收集多少具体数字,分析多少案例和资料,其所要得出的都只是一个抽象掉个性的、具有一般性的、对全局具有指导意义的结论。从经济活动的实践来看,战略研究制定的是一定条件下和一定范围内的最高层次上的决策。因此,战略对经济发展具有方向性、长远性、总体性的指导作用。

"规划"一词,是从城市规划、国民经济计划等引申而来的,从内容上讲,城市规划是一定时期内城市发展的计划和各项建设的综合部署;国民经济计划多侧重于对各种建设项目在一定地区范围内进行具体的综合布局。这就是说,规划与一般的计划在内容上是基本一致的,即要对规划对象做出具体的、系统的安排。所以,规划具有一定程度上的指令意义。

这就存在一个问题,如果研究的对象系统十分巨大（如整个辽宁省国土系统）,或者研究的对象系统边界不甚清楚（如辽宁省国土资源），或者所研究的系统非常复杂，难以用确定的指标体系加以描述，或难以用有效的手段加以控制，对这样的系统进行开发，只停留在战略研究基础上显然不够，深入开展规划和计划又难以做到或意义不大。比如，辽宁省国土规划。辽宁省国土系统是一个巨大的生态经济系统，要素众多，结构复杂。在这种情况下，要制定出一个重大的、带全局性的或决定全局的资源开发战略是必要的，但只停留在战略上，又不能很好地指导开发。所以，我们在战略研究上再深入一步，将战略目标、战略措施等，尽量地加以落实，尽量地具体化、定量化和定位化，这就是战略规划。

也就是说，战略规划不是制定战略和进行规划两个过程的总和，而是由战略研究到规划决策过程的一个中间环节，是一个承上启下的纽带，对于那些难以规划或规划意义不大的系统来说，战略规划则仅仅是战略研究的一个延续。用军事术语来说就是：战略是研究战争全局的，规划和计划是各个战役的布置和部署，战略规划则是把战略思想分解落实到主要战役之中。

这样，战略→战略规划→规划和计划，各有侧重，互相衔接，构成了空间开发与管理完整的决策过程系统。辽宁省新一轮国土规划中的"总体规划"，实际上就是"战略规划"。

第三章 我国国土空间开发格局的演变及阶段性特征

第一节 我国近现代国土空间开发格局的总体演变

一、国土空间开发格局

历史时期内国土开发活动在特定时点上的空间布局形态。分析中华人民共和国成立初期,以及世纪之交三个时点的人口、产业和城市空间布局情况,可以反映出中华人民共和国成立以来我国国土空间开发格局的总体演变进程。

(一)中华人民共和国成立初期产业和城市的集中

初期产业和城市集中于沿海一带。如果要考察中华人民共和国成立以来我国国土空间开发格局的演变进程,中华人民共和国成立初期人口、产业和城市的布局状态反映了这一历史时期的本底状况。从人口分布看,中华人民共和国成立初期东部地区就是我国人口集中地区。

中华人民共和国成立时,70%以上的工业集中于沿海地区,并主要集中于上海、江苏、辽宁、山东和广东等五省市,其中,从前三省工业总产值占全国比重的分布来看,中华人民共和国成立之时东部沿海地区无疑也是城市发育程度最高的地区。

(二)内地经济已经形成了一定实力

为了改变中华人民共和国成立初期生产力分布过于集中于沿海一带的状况,从"一五"计划开始中央政府强调在全国各地区适当分布工业生产力。经过"三线"建设等政策的实施,内地重点地区开发进程明显加快,到20世纪70年代末期,内地产业和经济占全国的比重已有较明显提升。[①]

人口仍以东部地区为主要集中区,20世纪80年代,东部地区人口占全国比重为42%。同期人口最多的省区分别为山东、河南和四川(包括重庆)。东部地区也仍然是工业集中地,但东部地区工业总产值占全国的比重已从20世纪的70%下降为60%。工业总产值最高的五个省区分别为上海、辽宁、江苏、山东和四川省,四川省已跃升为全国第五大工业省,反映出内地工业发展的成效。前三位省区工业总产值占全国比重为30%,前五位省区占比为42%,均比中华人民共和国成立初期有明显下降。

内地城市发展也明显加快。20世纪80年代中期,西部地区城市占全国的比重为22.7%,与中华人民共和国成立初期时的9.7%相比有了显著提高,东部地区城市占全国的比重则由中华人民共和国成立初期的50%减少为38.7%。内地城市规模和地位同样明显提升,武汉、包头、兰州、西安、太原、郑州、洛阳和成都等工业基地的建设,构建了中西部地区重要的增长极。

(三)经济活动在沿海地区集中程度有明显提高

沿海地区借助区位和政策优势吸引了国内外经济要素的流入,到21世纪初期,经济活动在沿海地区的集中程度较之前有明显提高,人口呈现向东南沿海集中的态势。

总体来看,作为国土空间开发活动直接表现的人口、产业和城市分布,经历了中华人民共和国成立初期集中于沿海地区,向内地延伸以及21世纪之前再次向沿海地区集中的过程,目前呈现在全国范围内分散,在特定区域内集中的态势。

二、国土空间开发格局的演变

国土空间开发是以利用陆地以及陆上、陆下自然资源为目的的行

---

①王兴平,石峰,赵立元.中国近现代产业空间规划设计史[M].南京:东南大学出版社,2014.

为和活动,是综合利用各种自然、经济和社会资源实现工业化和城镇化的过程,国土空间开发格局可以视为工业化和城镇化等经济活动在地理空间上的分布状态。如果将人口流动及产业和城市发展视为经济活动的成果,则国土空间开发格局体现于人口、产业及城市在空间上的布局状态,因此,本章节侧重从人口、产业和城市布局的角度对我国国土空间开发格局的历史演变、现状特征和问题进行分析。

中华人民共和国成立以来我国国土空间开发格局的演变,总体来看,可以概括如下:作为国土空间开发活动直接表现的人口、产业和城市,经历了中华人民共和国成立初期集中于沿海地区,向内地延伸以及21世纪之前再次向沿海地区集中的过程,目前呈现在全国范围内分散,在特定区域内集中的态势。

(一)我国国土空间开发格局的基本特征

进入21世纪以来,伴随着区域协调发展战略的实施,我国采用了"城市群为核心、发展轴为引导、政策区为重点、多种开发形态复合叠加"的空间开发模式,形成了"三核多极、三轴四区"为主体的多核、多轴、片区型的国土空间开发格局。

(二)经济要素

向"三轴"集中的态势明显。中华人民共和国建立以来,我国进行了大规模的国土开发,在生产力的配置和社会发展的空间组织方面,除"三线"建设时期外,基本符合"点—轴系统"空间结构模式的要求。经过多年的发展,我国已形成了"五纵七横"的国道主干线和"八横八纵"的铁路网,也由此形成了覆盖主要人口和产业集聚地、有效连接东中西部和南北部地区的综合运输通道主骨架,强化了对全国性经济要素流动的组织和运输能力,推动了我国国土空间开发轴线的形成。

近年来,连云港—霍尔果斯国道的建设,郑州至西安客运专线的建设,大大提高了我国国家级东西向重要通道的交通通行和运输能力,也相应提高了其对周边地区的辐射带动能力。此外,包头至西安、兰州至重庆铁路建设,武汉至广州、北京至上海铁路客运专线的建设也进一步提高了包昆、京广和沿海三大国家级南北向交通通道的货运能力,强化了它们对于全国性经济要素流动的组织和运输能力。

同时,青藏、太中银、兰渝、贵广、渝怀等区际铁路干线,绥芬河—满洲里、青岛—银川、重庆—湛江、上海—成都、上海—瑞丽等区际国道建设,推动了我国区域级发展轴线的形成。在这些轴带中沿海轴线、长江轴线和京广—京哈轴线的主体地位更加突出。

重要交通基础设施建设不仅是国土空间开发的重要内容,也是空间格局和空间结构形成的重要载体和基础。"点—轴系统"理论被认为是国家或区域的最佳发展结构,是最有效的区域开发空间开发模式。

其中的轴正是指线状基础设施束,是作为"点"的中心城市经济要素向外扩散的路径。基于多种运输设施形成的发展轴线把分散于地理空间的相关资源和要素连接起来,从而通过这种空间组织形式,使经济活动更为有序化和组织化。依托轴线所形成的区域经济设施、社会设施的集中布局,促进了产业结构及经济活动与区域性基础设施之间的有机结合,由此产生巨大的空间集聚效应。多种运输方式共同组成的轴线的形成正是空间经济组织完善的重要标志和特征。

经济要素向沿海轴线、长江轴线、陇海—兰新轴线、京广—京哈轴线、包昆轴线等重要开发轴线不断聚集,沿线城市和产业集中发展,对全国产业和人口的空间组织和引导作用不断加强,以点—轴为标志的空间开发格局基本形成。在这些轴线中长江轴线、沿海轴线和京广—京哈轴线的地位更加突出。

经济增长多极化可以从不同地区城市中心性指数的变化中反映出来。城市中心性指数由城市人口规模、经济总量、非农产业比重、铁路客运量、社会商品零售总额、利用外资额等指标计算得出,它反映了中心城市对于人口和经济的集聚能力。

对比直辖市、副省级城市和省会城市的中心性指数,可以看出上海、北京、天津、广州等城市的中心性指数仍然较高,但中西部一些省会城市的中心性呈现明显上升态势,这反映出经济活动在从东部向内陆地区扩展的同时向内陆主要中心城市集中的态势。

（三）四大地区成为区域战略和政策的空间载体

进入21世纪以来，我国先后实施了西部大开发战略、振兴东北等老工业基地战略和促进中部地区崛起战略，并出台了一系列相关政策措施，加上20世纪后20年的东部地区率先发展战略，形成了我国区域发展的总体战略。区域发展总体战略的实施，使我的国土开发形成了在四大地区分别展开的空间格局。

在四大地区的框架之下，国家又相继出台了一系列区域规划和特殊区域的指导意见。具体包括三种类型：一是在浦东、天津滨海新区、武汉、长株潭、成都、重庆、山西等地设立不同类型的综合配套改革试验区。二是针对上海、福建、海南、重庆、广西、新疆、西藏、宁夏、青海等省区市，出台了指导意见。三是批复实施了一系列区域规划，包括广西北部湾经济、珠江三角洲地区、江苏沿海地区、关中—天水经济区、辽宁沿海经济带、图们江区域、黄河三角洲高效生态经济区、鄱阳湖生态经济区、皖江城市带、河北沿海地区等区域规划。

应该说，这些区域规划的编制实施，改变了过去区域政策的"一刀切"，实现了"细化、实化、差别化"，对于充分调动各级地方政府的积极性，进一步明确各规划区域的功能定位和发展方向，引导各地区发挥优势、合理分工，推动区域合作具有重要的战略意义。

（四）空间拓展与国土整治同步推进

经济空间拓展主要通过以下方式实现。一是通过设立各类开发区集聚产业包括初期设立的特区、经济技术开发区、高新技术开发区等，也包括一些新兴产业集聚区，如科技产业园、创意产业园、外包产业园等。目前，国家批准的各类开发区面积近1万平方千米。二是通过城市新区或新城实现城市空间拓展，如浦东新区、天津滨海新区、重庆两江新区以及西咸新区等。虽然这些新区像开发区一样具有产业集聚区的特征，但相较于传统的开发区，这些新区功能更为综合，对城市空间拓展的作用更为显著。

与此同时，我国也逐步加强了国土整治和生态修复。一是对资源枯竭地区的综合治理，目前已分三批确定了全国69座资源枯竭型城市转型的试点。二是开展了生态恢复和建设以及环境治理,包括三北防护林体系建设、退耕还林、退牧还草、天然林保护、京津风沙源治理、青海三江源保护、石漠化治理等一系列生态建设工程,以淮河水污染治理、滇池治理、二氧化硫排放控制和治理为代表的水污染和大气污染治理工程,这些活动减轻了历史上国土空间粗放式开发对于资源环境所造成的破坏,也起到了优化国土空间开发格局的作用。

编制并实施主体功能区规划是我国推进国土空间差异化发展,规范国土开发秩序,控制开发强度,推进形成人口、经济、资源环境相协调的国土空间的重大战略部署。

我国颁布实施了《全国主体功能区规划》,依据各区域的资源环境承载能力、现有开发密度和发展潜力,统筹考虑各个区域在全国总体发展格局中的主体功能,以开发强度和开发功能为坐标对各区域的开发建设做出了强制性安排:从开发强度的角度确定了优化开发、重点开发、限制开发、禁止开发等四种开发管制方式;从开发功能上明确了城市化地区、农产品主产区、重点生态功能区等三种开发管制类型,形成了"4+3"的国土开发空间管制模式。

经济社会发展规划纲要进一步提出实施"主体功能区战略",构筑区域经济优势互补、主体功能定位清晰、国土空间高效利用、人与自然和谐相处的区域发展格局。各地开发区数量曾达6866个,占地3.86万平方千米,相当于全国城镇发展百年来的建成区总面积。

开发区数量和规划面积分别减少到1568个和9949平方千米,但各地以产业集聚区、工业小区、一区多处布点或一区多个园区等各种方式设立工业集中区,或将原来已经撤销的开发区,采取由合法的开发区委托代管的方式继续强化工业园区的发展。

在全国范围或较大空间尺度如大地带内,实现经济和人口布局的分散,有利于促进区域协调发展;但如果在较小空间尺度,如县市、区范围内出现工业等开发活动的分散布局,则会妨碍空间资源的集约利用和生态空间的保护,并会造成我国经济社会发展的不可持续。行政区经济越来越成为各地政府竞相推崇的目标,成为与上级政府博弈的动力。

GDP崇拜并未根本消除,为了招商引资,各地政府不惜付出土地、财政和生态的代价。区域合作虽不断提倡,但收效并不显著,经济要素的合理流动虽与以前相比有所改善,但区域之间的流动并不顺畅。

在近年来日趋激烈的区域竞争中,许多城市和地区为了加快发展,不惜过度开发资源、超前建设基础设施、以破坏生态环境和历史文化为代价招商引资,损害自身持续发展能力,造成城市与区域功能定位不准、发展方向不清、开发秩序混乱、开发强度随意的局面。

(五)人口与经济活动的空间分布严重不匹配

产业集聚是经济集聚的核心内容,产业在特定空间的集聚会诱发劳动力随之迁入,并最终形成人口集聚,从而实现经济和人口集聚相匹配。也只有实现了这种匹配才能实现要素的合理流动和配置,从而保障了区域之间,或者说不同空间的协调发展。而产业发展与人口居住的不协调意味着产业发展所带来的就业增加机会并未能公平地由各地区人民所分享,由此不仅加剧了区域发展差距,也损失了资源的空间配置效率。

区域间产业的垂直分工现状是较为低级的分工形式,与水平分工即西部地区提高对能矿及农产品资源的加工能力,东部地区从国外进口原材料等以及产品价值链分工即零部件或产品配件生产的分工,或研发和销售与生产之间的分工等高级的分工形式相比,其空间效益低下表现在多个方面:一是导致要素大规模长距离调动,大规模长距离的运煤、送电、输气,对于物流组织的压力越来越大,同时增加了运输过程中的损耗,提高了生产组织成本、降低了利用效率。二是西部地区工业发展的就业弹性较小,影响对于本地区劳动力的吸纳,从而导致了人口与产业匹配程度的降低。三是西部能矿工业的发展虽然价格因素可获得一定的经济效益,但这种产业的关联度较低,技术溢出效应低,对于其他产业的拉动作用有限。四是不利于国内"雁型"分工模式的形成,使得我国所本应具有的延长产业和产品生命周期的大国优势难以实现。

（六）城乡建设用地低效扩张

土地利用结构是国土空间开发格局的直接表现。在现阶段城乡用地存在双重低效扩张问题。21世纪初期以来,在加快推进城镇化的目标下全国许多地区的大中城市,纷纷以"大手笔"规划建设新城、大学城、大广场等;一些地方以改善投资环境为名,竞相修建高尔夫球场,导致我国城市建设用地低效扩张。

目前全国所有城市的平均容积率仅为0.51,建制镇还不到0.2,明显低于周边一些国家或地区城市的容积率1~2的水平。农村建设用地无序扩张问题更为严重。用于村办企业、农贸市场和道路建设以及农民住宅建设的用地增长很快。

21世纪初期,全国农村人口减少9633万人,而农村居民点用地却增加了近170万亩,农村人均居住面积已达220平方米。村庄建设用地是城市建设用地和建制镇建设用地新增量的1.8倍。农村建设用地利用效率较低表现为:一是村办企业规模较小,在用地管理上很难规范其具体定额标准,造成土地利用上的很大浪费。二是大量农村劳动力在城镇务工,而农村宅基地面积在扩大,农村住宅建设中空置率较高已成为普遍现象。

城乡建设用地规模的过度扩张,已导致我国耕地总量逐年下降,特别是经济发达区域优质耕地大量流失。在这期间,中国耕地减少了1.4亿亩,年均减少1000多万亩。社会经济与自然环境的适应关系趋于恶化。

近年来,各级政府对于生态修复和建设以及环境治理的资金和政策投入力度不断加大,但许多地区在工业化和城镇化过程中对于生态空间保护严重不足。工业和城镇发展对于生态环境的影响体现在两个方面:一是城镇建设占用了生态空间。二是工业和城镇发展产生的污染破坏了生态空间。不顾资源环境承载能力,对于能矿资源、水资源等粗放式、无节制的肆意开发和过度开发,使得环境损耗和污染加剧,环境危机由局部范围扩大到较大的范围,局部地区的环境危机正在演变成为社会危机。

近岸海域生态系统恶化,气象灾害、地质灾害和海洋灾害频发等均是这些危机的不同表现形式。一些沿海发达地区仍未摆脱用资源环境的代价实现经济快速增长的传统发展模式,其结果是国土开发强度过高,区域环境质量下降,产业转型和升级的步履缓慢。

许多生态脆弱地区不顾资源环境承载能力肆意开发,带来湿地萎缩、河湖干涸、土壤侵蚀严重、沙漠化、石漠化、草原退化加剧,地质灾害频发等生态环境问题,使越来越多的国土空间成了不适宜人们居住的空间。据统计,我国荒漠化面积10年间扩大了2万平方千米,总面积已达264万平方千米,占国土面积的27%;沙漠化面积174万平方千米,占国土面积的18%;全国水土流失面积356万平方千米,占全国的37%;石漠化面积12.96万平方千米,占全国的1.4%。主要污染物排放总量严重超出环境容量的地区面积259万平方千米,占全国的27%。全国有地下水降落漏斗222个,其中浅层133个,深层78个,岩溶11个。

(七)优化国土空间开发格局的政策建议

优化国土空间开发格局除须构建科学合理的体制机制之外,还需制定具有针对性的政策和采取有效的措施,完善以促进农民工市民化为核心的人口政策。

推进农民工市民化、促进人口与产业协同集聚,是优化国土空间开发格局的重要途径。按照"放开户籍"与"提高待遇"并行推进的原则,小城市(镇)本地的农民工可以在自愿基础上通过转户成为城镇居民;对于在大城市务工的农民工,可以结合农民在城镇就业和居住的稳定性,先使其享受城镇的公共服务,并根据城市经济能力,不断提高待遇水平。

在公共卫生、子女义务教育、就业扶持服务等领域以及权益维护方面,力争实现农民工与本市市民平等对待,在城镇最低生活保障和住房保障领域则逐步扩大对稳定就业群体的覆盖面。《全国主体功能区规划》对于地方政府在人口迁移政策方面提出了要求,要求优化开发和重点开发区域实施积极的人口迁入政策,加强人口集聚和吸纳能力建设,放宽户口迁移限制,鼓励外来人口迁入和定居,将在城市有稳定职业和住所的流动人口逐步实现本地化。

限制开发和禁止开发区域要实施积极的人口退出政策,切实加强义务教育、职业教育与职业技能培训,增强劳动力跨区域转移就业的能力,鼓励人口到重点开发和优化开发区域就业并定居。

鼓励城市化地区将流动人口纳入居住地教育、就业、医疗、社会保障、住房保障等体系,切实保障流动人口与本地人口享有均等的基本公共服务和同等的权益。这些政策无疑有利于解决经济活动与人口不匹配的问题,有利于优化国土空间开发格局。

完善城乡建设用地增减挂钩土地政策。完善现行的城乡建设用地增减挂钩政策。城乡建设用地增减挂钩方式是工业化和城镇化的加快发展时期,现行土地用途管制和建设用地管理体制内生的制度安排,可以实现农民居住条件改善和节约土地的共赢。

这一政策通过以复垦耕地面积作为条件,一定程度上改善了土地无序开发的状况,同时,也在一定程度上起到了提高农村建设用地使用效率,改善农村进城务工人员在城镇社保和住房水平的作用。针对在一些地区出现的问题,对城乡建设用地增减挂钩加以规范和完善,趋利避害,核心是保护农民利益。应增加公众特别是农民的参与程度,充分听取当地农村基层组织和农民的意见,给予村民充分的参与权。《全国主体功能区规划》中提出:实行差别化的土地利用和土地管理政策,科学确定各类用地规模。确保耕地数量和质量,严格控制工业用地增加,适度增加城市居住用地,逐步减少农村居住用地,合理控制交通用地增长。

严格控制农产品主产区建设用地规模,严禁改变重点生态功能区生态用地用途。并提出进行"三挂钩"的探索,即城乡之间用地挂钩、城乡之间人地挂钩和地区之间人地挂钩。

可以考虑以主体功能区规划为依据,实施差别化的土地政策,对吸纳外来人员较多的优化开发区或重点开发区的城市和城镇,在建设用地指标上给予支持,可先占后补,近占远补,跨年度平衡。在土地利用总体规划中单列人口增加所带来的建设用地需求指标,在全国土地利用计划中予以平衡。探索建设用地指标可以随农民工带到流入地的实施途径,实现劳动力和土地指标跨地区再配置。

保护农民土地权益和提高土地资源配置效率的根本方法在于健全土地市场体系,建立竞争性土地市场的关键是改变土地管理的城乡二元结构。建立开放的土地市场需要改革目前的征地制度,严格限定征地范围,即使是公益性征地也需要按市场价格补偿给农民,同时必须建立和健全第三方评估的机制。

实行有利于产业转移的差别化产业政策。目前,我国的产业政策已考虑到东西部之间的差异,实施了针对中西部地区的产业政策,如制定了《中西部地区外商投资优势产业目录》文件。第一次明确提出对西部地区实行有差别的产业政策,支持西部地区发展特色优势产业等。

一是在资源环境承载能力和市场允许的情况下,依托能源和矿产资源的资源加工业项目,优先在中西部国家重点开发区域布局,促进中西部地区重点开发地区制造业发展。对于中西部的重点开发地区的农牧产品加工业以及劳动密集型产业给予支持,提高中西部重点开发地区对于农村转移人口的吸纳能力。

二是在中西部资源开发地区,需要引导"嵌入型"企业特别是国有大型企业的发展与当地经济发展相融合,使当地能够从油、气、煤等资源开发中受益,解决嵌入型企业与当地发展两张皮的问题,此外,还需要通过直购电、分段电价和运费补贴等特殊政策支持西部地区资源加工业的发展。

三是严格市场准入制度对不同主体功能区的项目实行不同的占地、耗能、耗水、资源回收率、资源综合利用率、工艺装备、"三废"排放和生态保护等强制性标准,防止资源浪费和环境破坏。

四是建立市场退出机制,对限制开发区域不符合主体功能定位的现有产业,要通过设备折旧补贴、设备贷款担保、迁移补贴、土地置换等手段,促进产业跨区域转移或关闭。

第二节 我国国土空间开发格局阶段性特征

进入21世纪后,伴随着我国区域发展总体战略的实施,我国采用了"城市群为核心、发展轴为引导、政策区为重点、多种开发形态复合叠加"的空间开发模式,形成了"三核多极、三轴四区"为主体的多核、多轴、片区型的国土空间开发格局。

一、三核多极的发展格局基本形成

(一)发展

随着社会主义市场经济的发展,我国经济总量开始向区位条件优越的特定区域集聚,都市圈、城市群日益成为经济活动主要承载平台。我国十大城市群经济总量占全国的份额以年均1个百分点的速度递增。十大城市群以占全国11%的国土面积集聚了占全国63.4%的经济总量,意味着都市圈或城市群已经成为我国区域经济发展的主导力量。值得注意的是,与21世纪初期成为我国中、西部和东北地区在全国的经济份额由降而升的转折点一样,成为珠三角、长三角、京津冀地区经济总量在全国的份额由升转为降的转折点。[①]

(二)"三轴"的主体地位突出

中华人民共和国成立以来,我国进行了大规模的国土开发,在生产力的配置和社会发展的空间组织方面,除"三线"建设时期外,客观上基本符合"点—轴系统"空间结构模式的要求。我国的国土开发和经济布局在更大的空间越来越按经济规律运行,表现为更突出地按"点—轴系统"的模式进行。

经过多年的发展,目前我国已形成了"五纵七横"的国道主干线和"八横八纵"的铁路网,也由此形成了覆盖主要人口和产业集聚地、有

---

① 丁俊.珠江三角洲城市群工业生产空间的演变及影响机制研究[D].北京:中国科学院大学,2017.

效连接东中西部和南北部地区的综合运输通道主骨架,交通通道强化了对全国性经济要素流动的组织和运输能力,推动了我国国土空间开发轴线的形成。沿海轴线、长江轴线、陇海—兰新轴线、京广轴线、哈大轴线等重要开发轴线得到进一步夯实完善,沿线城市和产业区集聚发展,对全国产业和人口的空间组织和引导作用不断加强,以"点—轴"为标志的空间经济组织基本形成。

在这些轴带中长江轴线、沿海轴线和京哈—京广轴线的主体地位更加突出,这三大轴线人口占全国的44%,经济总量占全国的73%。而陇海—兰新轴线、包昆通道发展轴集聚的人口和经济总量明显要低于长江、沿海、京广—京哈等三条轴线,陇海兰新轴线集聚的人口仅分别为长江轴线的73%、沿海轴线的46%和京广—京哈轴线的56%,集聚的GDP仅分别为长江轴线的46%、沿海轴线的32%和京广—京哈轴线的31%;昆通道轴线集聚的人口仅分别为长江、沿海、京广—京哈轴线的61%、39%和46%,GDP仅分别为长江、沿海、京广—京哈轴线的34%、24%和23%。

二、四大政策区域成为国土空间开发的重要组成部分

21世纪以来,我国先后实施了西部大开发、全面振兴东北地区等老工业基地、促进中部地区崛起战略和鼓励东部地区率先发展,并出台了一系列相关政策措施,由此形成了我国区域发展的总体战略。这一战略对我国区域发展按照四大地区进行总体部署,明确了四大地区在全国的发展定位、发展重点、重点发展地区和政策措施。区域是国土空间的重要组成部分,区域发展总体战略的实施,使我国的国土开发在空间上形成了以四大地区为空间载体的开发格局。

在区域发展的总体战略实施后,陆续又出台了一系列的区域规划和特殊区域政策。具体包括三种类型:一是在全国设立7个不同类型的综合配套改革试验区,并批复其实施方案,同意支持中关村科技园区建设国家自主创新示范区。二是针对上海、福建、海南、重庆、广西、新疆、西藏、宁夏、青海等省区市以及长三角和天津滨海新区,单独出台了一些意见和政策措施。三是批复实施了一系列的区域规划,包括广西北部湾经济区、珠江三角洲地区、江苏沿海地区、关中—天水经济区、横琴、辽宁沿海经济带、图们江区域、黄河三角洲高效生态经济区、鄱阳湖生态经济区、皖江城市带等区域规划。这些区域规划的编制实施,对于充分调动各级地方的积极性,进一步明确各规划区域的功能定位和发展方向,引导各地区发挥优势和合理分工,推动形成区域协调发展的新格局都具有重要的战略意义。

经济空间拓展与国土整治及生态环境修复同时推进,多种开发形态复合叠加,经济发展空间拓展主要通过以下方式实现。

(一)经济发展空间拓展

第一,通过设立各类开发区实现,包括初期设立的经济技术开发区、高新技术开发区等传统的开发区,也包括一些新兴产业集聚区,如科技产业园、创意产业园、外包产业园等,目前国家批准的各类开发区近1万平方千米。

第二,通过城市新区或新城的设立,如天津滨海新区、重庆两江新区、成都天府新区以及西咸新区等经济拓展空间。虽然这些新区也具有像开发区一样的产业发展空间的特征,但相较于传统的开发区,这些新区功能更为综合,对经济空间拓展的推动作用更为显著。与此同时,我国也逐步加强了国土整治和生态修复。

这些整治和修复可视为另一意义上的开发活动,资源枯竭地区的综合治理,目前国家已分三批界定了全国69座资源枯竭城市,确定了大小兴安岭林区9个县级单位参照执行资源枯竭城市财政转移支付政策,力图通过经济社会多元化手段促进这些地区实现新的发展。

(二)生态恢复和建设以及环境治理

生态恢复和建设以及环境治理工程,包括三北防护林体系建设、退耕还林、退牧还草、天然林保护、京津风沙源治理、青海三江源保护、石漠化治理等一系列生态建设工程,以淮河水污染治理、滇池治理、二氧化硫排放控制和治理行动等多项环境污染治理工程为代表的水污染和大气污染治理工程。

这些活动在减轻历史上资源粗放开发利用对于生态环境所造成的破坏之外，也起到了优化国土空间开发格局的作用。

第三节 我国国土空间开发格局存在的现状

一、国土空间开发存在的一些影响

我国的国土空间开发在为国民经济的快速发展和社会进步提供有力支撑的同时，在开发活动的布局方面也存在一些影响经济社会可持续发展的突出问题，亟须加以重视和解决。

（一）经济布局与资源空间分布的匹配关系

经济布局与资源空间分布的匹配关系正在趋于恶化，区际生产组织成本加大，受经济布局与资源分布不协调的影响，每年我国大量的劳动力、资源、能源等生产要素及商品都必须长距离大跨度流动或调动，并且呈现规模越来越大、距离越来越长的趋势。

各种生产要素及商品的大规模长距离调动，对我国物流组织带来的压力越来越大，在增加了运输损耗的同时也提高了我国经济空间组织的成本和风险。目前，我国流通费用所占比重与发达国家相比要高出十多个百分点，21世纪初期，我国地区生产总值约为日本的96%，然而全部货运量却为日本的2.6倍，货运周转量超过日本的11倍。这种大规模长距离的资源流动和商品调动，虽然与我国资源禀赋的区域差异有关，但也与我国经济布局以及全国区域经济分工结构不合理有关。[①]

（二）经济布局与人口空间分布失衡

经济布局与人口空间分布失衡与区域发展不协调加剧。随着市场机制对资源配置作用的增强，产业不断向沿海、沿江、沿线地区集

---

① 肖金成，申兵. 我国当前国土空间开发格局的现状、问题与政策建议[J]. 经济研究参考，2012(31)：15-26.

中,但人口同向集聚速度却相对较弱。

人口集中和生产集中的偏离可用"人口与产业分布不一致指数"（*GPR*）来表示,它等于某地区生产总值占全国生产总值的份额与人口占全国总人口份额之比值。若 *GPR* 等于1,表示该地区占全国经济总量与人口所占份额相等,说明人口与产业集聚相互协调;此值小于1说明该地区产业规模小、人口数量多;此值大于1则说明产业集聚而人口没有相应集聚,二者被认为是非协同集聚。定义人口产业分布不一致系数 *GPR* 的公式,如式3-1所示。

$$GPR_i = \frac{G_i}{P_i} = \frac{\dfrac{G_i}{\sum\limits_{i=1}^{31} G_i}}{\dfrac{P_i}{\sum\limits_{i=1}^{31} P_i}} \qquad （式3-1）$$

式3-1中:

G_i——i 省区的地区生产总值;

P_i——i 省区的总人口。

在此基础上还可计算"人口和产业分布偏离指数"（*V*）。如式3-2所示。

$$V = \sqrt{\sum_{i=1}^{31} P_i \left(GPR_i - 1 \right)^2} \qquad （式3-2）$$

式3-2中:

G_i——i 省区的地区生产总值;

P_i——i 省区的总人口。

21世纪以来不同地区的人口与产业分布不一致指数,东部和东北地区高于1,而中西部地区均低于1,表明东部地区产业集聚高于人口集聚而中西部地区产业集聚落后于人口集聚的总体态势。

二、国土空间开发主线不明确,空间组织关系不明晰

一是对我国国土空间开发缺乏总体部署,导致开发建设主线不清晰甚至带有一定的盲目性。

在短短几年时间内,我国从国家层面上先后颁布实施了12个经济区、经济带的规划,7个综合配套改革实验区规划,4个区域性总体规划,11个支持区域发展的指导性意见,几乎每个省均有1到2个上升到国家层面的规划及指导意见,虽然这些规划及意见在促进地方经济发展方面发挥了积极作用,但对这么短时间内为什么颁布实施这么多规划与文件,国家没有明确的说法,各个规划在我国国土开发中扮演怎样的地位与作用也不甚清楚,与此同时,在一定程度上加剧了各地区的恶性竞争、盲目竞争。

二是国土开发的空间组织关系较为混乱。即使在中央政府出台的相关文件中,我国出现了诸如都市圈、城镇群、城市群、城市带、经济区、经济带、经济圈等空间概念,概念内涵和空间关系却不清楚。

受此影响,一些地方政府盲目跟风,也开始扎堆抱团,出现了偏离区域经济发展阶段的城市群、都市圈、经济区热以及随意扩大空间范围的现象,一时间各种"区域利益共同体"的数目呈爆炸式增长,造成我国区域政府资源配置的低效率状态和争相瓜分区域利益的局面。

(一)城乡建设用地低效扩张

土地利用结构是国土空间开发格局的直接表现,现阶段我国出现了城乡用地双重低效扩张问题。21世纪以来,在加快推进城镇化的目标下,全国许多地区的大中城市纷纷以"大手笔"规划建设新区、新城、开发区、大学城、大广场等;一些地方以改善投资环境为名,竞相修建高尔夫球场,导致我国城市建设用地低效扩张。

而农村居民点用地却增加了近170万亩,农村人均居住面积已达220平方米。城乡建设用地规模的过度扩张,成为导致我国耕地总量下降,特别是经济发达区域优质耕地大量流失的重要原因。从20世纪末期到21世纪,中国耕地减少了1.4亿亩,年均减少1000多万亩。

(二)社会经济与自然基础的适应关系趋于恶化

在近年来日趋激烈的竞争中,许多城市和地区为了加快发展,不惜过度开发资源、超前建设基础设施、以破坏生态环境和历史文化为代价招商引资,损害自身持续发展能力,造成城市与区域功能定位不准、发展方向冲突、开发秩序混乱、开发强度随意的局面,社会经济与自然基础的适应关系趋于恶化,对贯彻落实科学发展观,促进区域经济协调发展产生了严重的负面影响。

一些沿海发达区域没有摆脱用资源环境的代价实现经济持续快速增长的传统发展模式,其结果是国土开发强度过高,区域环境质量下降,产业转型和升级的步履缓慢。发达国家国土开发强度(已建设用地占整个国土面积的比重)一般不超过15%,都市区(圈)开发强度也通常不超过25%,而我国江苏和山东该指标均已超过15%,上海、深圳等也远远超出25%。许多生态脆弱地区不顾资源环境承载能力而肆意开发,带来湿地萎缩、河湖干涸、土壤侵蚀严重、沙漠化、石漠化、草原退化加剧,地质灾害频发等生态环境问题,使越来越多的国土空间成了不适宜人们居住的空间。

据2006年统计,我国荒漠化面积已达264万平方千米,占国土面积的27%;沙漠化面积174万平方千米,占国土面积的18%;全国水土流失面积266.6万平方千米,占全国的36.6%;石漠化面积12.96万平方千米,占全国的1.4%。主要污染物排放总量严重超出环境容量的地区面积259万平方千米,占全国的17%。全国有地下水降落漏斗222个,其中浅层133个,深层78个,岩溶11个。

第四节 我国国土空间开发格局的优化建议

一、我国国土空间开发格局存在的问题

我国国土空间开发格局存在的问题是国土空间开发行为不规范所致,而国土空间开发行为不规范则是区域管理等多方面的体制机制以及相关政策不健全使然,因此,优化国土空间开发格局需要规范国土空间开发的行为,完善相关的体制机制和政策。

（一）完善以促进农民工市民化为核心人口流动的政策

推进农民工市民化、构建通畅的人口流动机制，促进人口与产业协同集聚，是优化国土空间开发格局的重要途径。

1.将城镇公共服务覆盖于农民工

按照"放开户籍"与"放开待遇"并行推进的原则，小城市（镇）本地农民工的市民化可以在自愿基础上通过转为城镇户籍居民；对于在大城市务工的农民工，可以结合农民在城镇就业和居住的稳定性，使其享受城镇的公共服务，并根据城镇经济发展速度，不断提高待遇水平。

从领域看，在公共卫生和计划生育、子女义务教育、就业扶持服务等领域以及权益维护方面，力争实现农民工与户籍市民同水平覆盖，在城镇最低生活保障和住房保障领域则重点扩大对稳定就业群体的覆盖面。

2.建立农民工市民化成本分担机制

《全国主体功能区规划》中对于地方政府在人口迁移政策方面提出了要求，要求优化开发和重点开发区域实施积极的人口迁入政策，要求城市化地区要保障流动人口与本地人口享有均等的基本公共服务和同等的权益，但并未提及中央政府所应承担的责任，因此，有必要明确中央和地方各自的职责，完善促进人口合理流动的政策。

中央政府应重点支持跨省农民工集中流入的地区。在手段上可为专项转移支付。在方式上将目前的在教育等领域的"以奖代补"改为"增量调整"、奖补并用并扩展至其他领域，这个时期开始从中央对地方转移支付专项补助的增加额中，将一定比例转移于农民工集中流入地区，专项用于对农民工集中地区的补助，并在此基础上，对成绩突出的城市进行一定的奖励。对本省农民工流入集中的城市，省政府可采取与中央政府类似的做法，引导本省区的农村进城务工人员及其家属在省内的重点地区常居和定居。①

---

①肖金成，欧阳慧.优化国土空间开发格局研究[M].北京：中国计划出版社，2015.

（二）实施有利于产业区域转移的差别化产业政策

目前，我国的产业政策已考虑到东西部之间的差异，实施了针对中西部地区的产业政策，如制定了《中西部地区外商投资优势产业目录》，再如中发〔2010〕11号文件第一次明确提出对西部地区实行有差别的产业政策，支持西部地区发展特色优势产业等。为了优化国土空间开发格局，在中西部地区建设经济增长极，需要进一步明确支持政策，促进中西部地区重点开发地区制造业发展，或者说促进制造业向中西部地区重点开发地区，特别是城市密集地区的集中。

第一，在政策内容方面加以支持。按区域均衡和协调发展的要求，需要切实将一些重大制造业项目优先在中西部国家重点开发区域布局，并在充分考虑资源环境承载能力和市场需求的情况下，将依托能源和矿产资源的资源加工业项目优先在中西部国家重点开发区域布局，以改变中西部地区资源开采业与加工制造业失衡的局面，促进中西部地区的可持续发展。同时，对于中西部重点开发地区的农牧产品加工业以及劳动密集型产业给予支持，提高中西部地区重点地区对于农村转移人口的吸纳能力。

第二，在政策手段和工具方面加以支持。在中西部地区资源开发地区，需要引导"嵌入型"企业，特别是中央企业的发展与当地经济发展相融合，使当地能够从油、气、煤等资源开发中受益，这有助于解决由嵌入型企业与当地发展两张皮而引发的对于资源的多头开发，由此加剧的资源浪费和环境破坏。

此外，还需要通过直购电、分段电价和运费补贴等特别政策支持西部地区资源加工业的发展。

二、健全引导城市紧凑发展的城市规划和管理政策

在我国人多地少、适宜大规模进行经济开发活动的国土空间较为有限的国情下，加快城市化步伐也成为优化国土空间开发格局的重要途径。随着城市化发展的加快，需要健全城市规划和管理方面的政策，使城市能够节约和集约用地，能够在发展产业的同时保护生态空间。

第一，需要修正《城市规划建设用地标准》，参照东京、中国香港等人多地少地区的城市人均建设用地标准，适度降低我国现行的城镇综合用地总体标准，提高土地利用强度，通过提高建成区人口密度而非扩大城市面积提升城市人口容量。美国和日本的"容积率奖励办法"，对于能够提供更多开放空间的建设项目，奖励额外的容积率，以此增加城市开放空间。

第二，加强城市规划的约束力，保证城市内部及组团之间公共绿地、农业用地、防护林以及自然和人工水体不被侵占。只有通过合理的功能分区，在提高建成区人口密度的同时，保持城市公共活动空间和绿地，才能保障居民的生活质量。

第三，通过综合整治、升级改造、拆除重建等方式加快城市有机更新。

第四，鼓励区县之间、城市之间建立税收等利益分享和协调机制，合理疏散核心城市的部分职能，为生产和服务职能向城市郊区和大城市周边的中小城市疏散提供机制保障，逐步形成合理有序的城镇空间结构。

第五，探讨城市群管治的体制和机制，通过建立城市群的协调机构，研究制定统一的区域政策，组织开展区域合作，形成协调对接机制，提高城市群区域的综合管理水平。

（一）稳步推进城乡建设用地制度改革

土地是国土空间开发活动的载体，优化国土空间格局的优化最终要通过优化土地利用格局来实现，因此，土地制度是优化国土空间开发格局中无法回避的核心问题。需要通过加大改革力度健全现行土地制度，以健全的制度引导、规范、约束土地利用方式，切实解决前文提及的城乡土地低效利用问题。

1. 现阶段重点完善城乡建设用地增减挂钩政策

完善现行的城乡建设用地增减挂钩政策。城乡建设用地增减挂钩方式是工业化和城镇化加快发展时期，现行土地用途管制和建设用地管理体制内生的制度安排。这一政策以复垦耕地面积作为条件，一定程度上改善了土地无序开发的状况,并起到了提高农村建设用地使用效率,改善农村进城务工人员在城镇社保和住房水平的作用。

针对在一些地区出现的问题,国务院出台了《国务院关于严格规范城乡建设用地增减挂钩试点切实做好农村土地整治工作的通知》。今后一段时期需要落实国务院的文件精神,对城乡建设用地增减挂钩加以规范和完善,趋利避害,核心是保护农民和农业利益。

第一,增加公众特别是农民的参与程度。有关调查报告表明,通过民主协调,充分听取当地农村基层组织和农民的意见,确保农民有效参与,给予村民充分的参与权,可以实现农民居住条件改善和节约土地的共赢。

第二,保证农民生产生活用地,比如以县为单位,不低于一定比例的增减挂钩节余指标用于农民生产生活、农村住宅和农村基础设施建设。

第三,保证节余指标收益全额返还,即节约的指标调剂给城镇使用的,其土地增值收益及时全部返还农村。

拓展挂钩内容。《全国主体功能区规划》中提出了"三挂钩"的探索方向,即城乡之间用地、城乡之间人地挂钩和地区之间人地挂钩。可以考虑以主体功能区规划为依托,实施差别化的土地政策,对吸纳外来人员较多的优化开发区或重点开发区的城镇,在建设用地指标上给予支持,并可先占后补,近占远补,跨年度平衡。

在土地利用总体规划中单列人口增加所带来的建设用地需求指标,在全国土地利用计划中予以平衡。同时,探索建立不同区域之间土地资源最优配置协调机制,借鉴美国等国家"转让发展权"的做法,探索建设用地指标可以随农民工带到流入地的实施途径,实现劳动力和土地指标跨地区再配置。

2.加快建立健全土地市场体系

建立竞争性土地市场的关键是开放集体土地入市。自然资源部、农业农村部和财政部联合发布《关于加快推进农村集体土地确权登记发证工作的通知》规定,力争把全国范围内的农村集体土地所有权证确认到每个具有所有权的集体经济组织,做到农村集体土地确权登记发证全覆盖。确权的实现是进行市场交易的前提,因此,这项工作为开放集体土地入市,培育多元化的市场主体准备了前提条件。

在此基础上,需要按渐进改革的思路,通过在一些地区及一些领域先行试点的办法,逐步加大集体土地入市的步伐。重庆的地票制度已经进行了有益的探索,目前有关部门也已表示可以考虑批准一些地区进行在集体土地上建设公共租赁房的试点。应加强对于这些试点的经验总结,加快推动集体土地入市。当然,建立开放的土地市场需要改革目前征地制度,严格限定征地范围,即使是公益性征地也需要按市场价格补偿农民,同时必须建立和健全第三方评估机制。

在此情况下,地方政府的职能主要在于提供良好的交易环境,而不再介入土地指标交易,可以通过征收交易税的方式增加税收,税收主要用于为进城务工人员及家属改善公共服务的支出。这符合依靠财产税增加地方财源的改革思路,也可将土地增值收益用于改善进城低收入农村人口在城镇的生活条件,加快其市民化进程。

(二)加强对粮食主产区和生态功能区的利益补偿

加强对于粮食主产区和生态功能区的保护是规范国土空间开发秩序,实现合理开发的重要内容。

1.加强对粮食主产区的利益补偿

中央政府目前已逐年加大了对粮食主产区的一般性转移支付力度,并逐步加强对于农田水利设施建设等专项转移支付力度,今后需要加强对于粮食高产适用技术的研究和开发的支持,并逐步降低粮食主产区地方政府配套资金的比例,逐年核销粮食主产区政府因执行中央粮食政策而累积的银行债务,改善粮食主产区的财政和金融环境。在此基础上,需要探索建立粮食主销区对于主产区的利益补偿机制。

可以考虑在主销区由财政资金出资建立商品粮调销补偿基金,按采购粮食每千克粮价一定的比例提取,根据从粮食主产区购入的商品粮数量,给予从粮食主产区调销商品粮的补偿,多调多补,少调少补。粮食主产区将商品粮调销的补偿基金专项用于农田基础设施建设和种粮大户的补贴,保护农民种粮积极性。

2.强化生态功能区的利益补偿

目前我国已针对多类生态功能区域建立了利益机制,今后要逐步将生态补偿制度化和法治化。一是需要加大财政对于生态补偿的支持力度,在各级政府进一步健全森林生态效益补偿基金制度,并不断提高国家级公益林补偿标准。二是在总结试点的基础上,全面实施草原生态保护补助奖励政策,推进资源型企业可持续发展准备金制度,不断扩大湿地生态效益补偿试点。三是在借鉴国内外实践经验的基础上,制定颁布《生态补偿条例》。

(三)完善环境保护的经济政策体系

《全国主体功能区规划》中对于不同类型功能区的环保条件提出了明确要求,真正将这种要求落实需要健全环境保护的经济政策体系,在建立社会主义市场机制的背景下,需要在综合运用法律、技术和必要的行政力量加强环境保护的同时,形成有利于环境保护的经济政策体系,从而建立环境保护的长效机制。

第一,建立以市场为基础的环境资源价格机制。首先是提高资源性产品价格,包括提高排污收费标准,完善污水处理收费制度,改革垃圾处理收费标准。其次是降低再生资源价格,通过直接投资、补贴、税收优惠、技术研发支持、融资条件优惠等措施,降低企业再生、再制造、循环利用资源的成本,从而降低再生资源价格。

第二,积极引入市场机制,促进排污权交易市场的发展。在总结江苏、河南、山西、贵州、湖北等省以及嘉兴、青岛、武汉、昆明、扬州等城市经验的基础上,制定全国性火电等行业主要污染物以及水污染等主要领域污染额排污权有偿使用与排污权交易管理办法和技术指南,完善交易市场、交易规则、纠纷裁决、责任追究等制度,为企业交易提供良好制度环境,逐步规范企业排污行为。

第三,加快开征环境税。《全国主体功能区规划》中已明确提出要研究开征适用于各类主体功能区的环境税等措施。国务院目前发布关于加强环境保护重点工作的意见中也提出要研究开征环境保护税。

　　开征环境税可分三步走,当前重点将排污费等费用改为环境税,在保持企业税负水平不会明显提升的基础上开征环境税;中期开始向其他污染物征税,二氧化硫、废水和固体废物在内的三种污染物和二氧化碳是环境税税目的可能选择;后期继续扩大环境税的征收范围,与税制改革相结合,构建起成熟和完善的环境税制。

第四章 国土空间开发格局优化的思路

第一节 国土空间开发的新形势

一、全球化背景下的世界经济格局调整

(一)国土空间开发提出了新的要求

我国国土空间开发提出了新的要求,2008年的世界金融危机并没有使全球化进程发生逆转,经济全球化将进一步深入发展。以全球经济结构深度调整为主线,以全球市场整合和扩大规模经济为特征的新一轮全球化浪潮将成为推动全球经济增长的主要力量。具有全球市场整合能力的世界城市和以规模经济为特征的城市群将在新一轮全球化高潮中不断发展壮大。

近年来,我国对世界经济增长的贡献和在世界经济的份额明显提高,正成为世界经济增长的重要引擎。根据权威机构对中长期世界经济格局变化的预测,未来10—20年,我国在世界经济格局中的地位将进一步提高,并有可能成为世界经济第一大国。世界经济发展经验表明,每一次世界经济格局的调整都会改变经济要素流动的方向和经济存量的历史格局,都会带来全球城市体系"金字塔尖"的转移,重构新兴国家的国土空间开发格局,其中,城市体系、空间组织和空间形态的变化最为明显。伦敦、纽约和东京等"世界城市"以及美国波士华、北美五大湖、日本东海道、西欧西北部、英国中南部等世界级城市群的崛起,无一不是世界经济增长重心转移的结果。

因此,面对新一轮的全球化浪潮,面对世界经济格局的调整加快,

我国有望并应该在全球生产、贸易、金融、科技、文化格局的重新构建中争取主动,提高国际竞争力和综合国力。这就要求我国进一步优化国土空间结构,加快建设具有国际竞争力的城市和城市群,同时加强国内的产业布局和地区分工,推动各地区与城市尽快融入世界经济体系。

与此同时,在经济全球化的背景下,国际区域合作大为加强,特别是以缔结自由贸易协定为主要形式的区域经济合作遍及全球,其内容更加多样化。我国从长远发展战略出发,近年来也加强了与周边地区的合作。多种国际区域合作组织的建立改善了我国的周边环境,推动了我国陆路对外交通和能源进入口通道的建设。

东北、西北、西南的陆路口岸城市正逐步从单纯的边境贸易站点向大规模、规范化、集约化的陆疆国际转口贸易流通中心、国际交通运输枢纽节点和外向型加工制造基地转变。我国与周边区域的多边合作组织的建立,要求积极构建面向两个市场、利用两种资源的国土空间开发结构。[①]

(二)人口增长、经济规模扩大对国土空间承载能力

人口增长、经济规模扩大对国土空间承载能力给国家提出了更高的要求,根据国家人口计划生育委员会在《国家人口发展战略研究报告》的预测,我国人口总量将继续增长,2020年将达到14.5亿人;到2033年,我国人口总量达到峰值15亿人左右。也就是说,到2033年我国还要新增近1.6亿的人口。与此同时,今后10—20年,我国经济发展仍将保持较快的增长速度。根据国务院发展研究中心利用中国经济可计算一般均衡模型(DRC-CGE)的预测结果,到2020年我国经济总量将达到72.83万亿元,2030年达到133.69万亿元。

也就是说,到2020年,我国经济总量将在2010年的基础上增加近1倍;到2030年,我国经济总量将在2010年基础上增加2—3倍。未来10—20年,在我国资源环境压力业已较大的背景下,要在有限的国土

---

①王宏新,白智慧,勇越,等. 中国国土资源信息化研究[M]. 贵阳:贵州人民出版社,2010.

空间开展合理布局,以承载人口增长、经济扩张带来的高强度的经济活动,使我国生态脆弱和环境恶化的地区得到保护和改善,使大都市区、城市密集区、经济带等实现可持续发展,实现人与自然真正意义的和谐。

(三)优化国土空间开发格局提出了新要求

全国经济战略性转型是我国未来10—20年面临的重大战略任务,区域经济结构作为全国经济结构战略性调整的重要内容,也面临重大转变。

目前我国区域经济结构处于大变动时期:首先,从经济空间变动来看,正在不断地由南向北、由东向西转移;其次,从整个国家的区域分工格局来看,区域之间分工正在从垂直分工、产业分工走向价值链分工,东南沿海发达地区正在成为产业链的高端区域,劳动密集型产业向中西部地区转移正在逐步加快;最后,从国家层面来看,区域战略布局呈现出多层次、多极化、全方位的新态势。

这些新的变化要求我们在国土空间开发中,顺应全国经济战略性转型要求和区域经济发展新趋势,充分发挥市场配置资源的基础性作用,引导要素合理流动,优化生产要素在整个国土空间上的配置,构建与全国经济战略性转型相适应的国土空间开发结构,实现国土空间资源与经济布局协调发展。

(四)对加快形成国土基础框架(骨骼)提出了要求

2010年,我国城镇化水平达到49.68%,接近50%,进入城镇化快速发展阶段的中后期,到2030年我国城镇化进入基本实现阶段,预计城镇化水平将达到65%—70%。与此同时,根据中国社科院的研究,我国已经进入工业化中期的后半阶段,未来20年,尽管各地区工业化程度仍然有较大差别,但总体上我国工业化进程大体完成。

根据上述判断,未来10—20年是我国工业化、城镇化快速推进的关键阶段,也是大规模工业化、城镇化的中后期。伴随着我国工业化、城镇化进入快速发展的中后期阶段,我国的国土开发也将随之进入大规模开发建设的中后期。在这一阶段,根据日本的经验,国土空间开发的基本框架(骨骼)亟待建立,为国土空间开发格局的形成奠定基础。

(五)对我国环境质量提出了更高的要求

我国的经济社会发展过于强调对生态系统的物质和能量需求,使经济活动对自然资源的需求和生态环境的压力不断增加:生态系统的自净能力被破坏,自然环境质量下降,人类对自然生态环境的威胁也随之加大。

随着我国经济社会的快速发展,随着人们生活水平的提高,我国国民意识和价值观在加快转变,人们对生产、生活环境提出了更高的要求,对洁净的空气、清洁的淡水和绿色食品等生态条件和良好环境的需求越来越迫切。

对生态环境需求的满足也成为人的福利水平的重要标志。因此,为适应我国国民意识和价值观的转变,为满足我国广大民众的生态环境需求,要求我们在国土空间开发时大力提升我国国土环境质量,促进人与自然的和谐发展。

综上所述,我国正处于工业化中期后半阶段、城市化快速发展的后期阶段,同时处于聚集国家财富和实力并提高国际地位的时期。随着我国工业化、城镇化、市场化、信息化、国际化的深入发展,经济总量将快速扩张,人口总量将持续扩大,社会转型加快,国民意识和价值观快速变化,对我国的国土空间开发提出了更高的要求:不仅要解决"量"的扩张带来各类国土空间的需求,也要考虑"质"的提高对国土空间的优化;不仅要考虑与国际的对接,也要考虑区域内体系的构建,我国国土空间开发面临的形势更加复杂。

二、国土空间开发格局

国土空间开发是一个国家或地区的人民依托一定的地理空间经过较长时间生产生活活动所形成的经济要素分布格局。辽阔的陆域和海洋,是中华民族繁衍生息和永续发展的家园,我们必须十分珍惜。我国国土空间开发格局发生了巨大变化,既有力支撑了经济快速发展和社会进步,也出现了一些必须高度重视和需要着力解决的问题,包括耕地减少过多过快,资源开发强度偏大,环境污染严重,生态系统退化等。

优化国土空间开发格局,是生态文明建设的重要内容;实施主体功能区战略,推动各地区各行业严格按照主体功能区定位,构建科学合理的城市化格局、农业发展格局、生态安全格局。

(一)国土空间开发格局层面

国土空间开发格局,可以细化为以下五个层面。

第一,功能层面。国土空间开发,要根据资源环境综合承载能力和经济社会发展战略,统筹陆海、区域、城乡发展,统筹安排生产、生活、生态空间,对自然资源开发利用、生态环境保护、国土综合整治和基础设施建设等进行综合部署;要按照人口资源环境相均衡、经济社会生态效益相统一的原则,推进国土整治,控制开发强度,优化空间结构,给自然留下更多修复空间,给农业留下更多良田,给子孙后代留下天蓝、地绿、水净的美好家园,实现生产空间集约高效、生活空间宜居适度、生态空间山清水秀。

第二,区域层面。要树立协调发展理念,推进多规合一。国土空间规划对区域规划、土地规划、城乡规划等空间规划及相关专项规划具有综合性、基础性、战略性和约束性作用,应以重点开发促面上保护,在发展中保护,在保护中发展,实施点轴集聚式开发,辐射带动区域发展;扶持落后地区加快发展、提升自我发展能力,缩小区域差距;推进交通通信、供水供气、环境保护等基础设施建设,促进基本公共服务均等化。

第三,城乡层面。要树立共享发展理念,坚持走新型城镇化和城乡一体化发展道路,优化发展和重点培育城市群,加快特色小镇建设,促进大中小城市和小城镇协调发展,增强城镇吸纳人口能力,解决三个"约一个亿"人口问题;促进城乡要素平等交换和公共资源均衡配置,以城带乡,实现城乡基础设施、产业发展、就业保障、环境保护一体化建设、协调发展。

第四，产业层面。要树立绿色发展理念，坚持工业化、信息化、城镇化、农业现代化同步推进，依托区域资源优势优化产业布局，促进基础产业发展；推进各类园区的集中、集聚和集约建设，支持战略性新兴产业、先进制造业、现代服务业健康发展；加大高标准基本农田和粮食主产区建设力度，增强粮食综合生产能力，保证粮食安全。

第五，陆海层面。要坚持陆海统筹发展，提高海洋资源开发能力，发展海洋经济，沿海地区人口集聚和经济规模要与海洋资源环境承载能力相适应，统筹海洋生态环境保护与陆源污染防治。保护海岸线资源，做到分段明确、相对集中、互不影响。港口建设和涉海工业发展要集约利用海岸线和近岸海域。开发以保护海洋生态为前提，以免改变海域自然属性。统筹海岛保护、开发与建设。保护河口湿地，合理开发利用沿海滩涂，修复受损的海洋生态系统，构建协同共治、良性互动的陆海开发格局。

（二）坚决维护国家海洋权益，建设海洋强国

优化国土空间开发格局必须建立并完善国土空间开发保护制度。制度建设是生态文明建设的重要保障。要划定"生存线""生态线""发展线"和"保障线"，加强国土空间开发管控；对涉及国家粮食、能源、生态和经济安全的战略性资源，实行开发总量控制、配额管理制度，完善并落实最严格的耕地保护、节约用地制度，确保安全供应和永续利用；建立健全资源有偿使用制度和开发补偿制度，严格自然资源利用和生态环境保护的责任追究制度。优化国土空间开发格局必须实行分类管理。中央财政应逐年加大对农产品主产区、生态功能区特别是中西部重点生态功能区的财政转移支付力度，增强基本公共服务和生态环境保护能力。

规范不同主体功能区鼓励、限制和禁止类产业发展，综合运用土地规划、用地标准、地价等政策工具，促进开发布局优化和资源节约集约利用。重点支持欠发达地区、战略性新兴产业、国家重大基础设施建设用地，重点保障"三农"、民生工程、社会事业发展等的建设用地，缓解我国人地关系紧张的矛盾。

(三)必须建立健全考核评价办法和奖惩制度

必须改变 GDP 至上的观念,把资源消耗、环境损害等指标纳入经济社会发展评价体系并增加权重,形成生态文明建设的目标导向。按不同区域的主体功能定位,实行差别化的评价与考核制度。对优化开发的区域,强化经济结构、科技创新、资源利用、环境保护等的评价。对重点开发的城市化地区,综合评价经济增长、产业结构、质量效益、节能减排、环境保护和吸纳人口等方面的内容。发挥评价指标考核和目标导向作用,优化各类功能区的开发格局。

第二节 国土空间开发的支撑条件

一、自然地理条件

我国不同地区的自然基础存在着巨大的差异。最主要的特征是存在三大自然区,即东部季风气候区、西北干旱和半干旱区和青藏高寒区。在地势上,存在三大阶梯。其中,青藏高原是我国最高一级地形阶梯;大兴安岭、太行山和伏牛山以东是我国地势最低的一级阶梯,是我国的主要平原和低山丘陵分布地区;中间为第二级阶梯。

三大自然区和地势的三大阶梯在相当程度上控制了我国国土空间开发的宏观框架,是影响我国国土开发目标的关键性因素。自然基础不同,各地区的水、土、热量等自然资源决定的社会经济基础差异很大。

这种自然基础的巨大差异决定了各地区的自然系统对社会经济的承载能力不同,也从根本上决定了我国经济发展的巨大地域差异,在全国生态与环境安全中所具有的功能也不同。这种差异要求须从整体上考虑国土开发及其空间格局问题。

适于发展的地区要进一步加快发展,努力成为在全球具有竞争力的区域;应该保护的地区要严格保护,为发展建立良好的生态基础和环境弹性。根据地形地貌、气候、水资源、土地类型等自然地理条件，按照土地利用的适宜性分析，可将我国国土空间由高到低划分为三类：适宜度Ⅰ类地区、适宜度Ⅱ类地区和适宜度Ⅲ类地区。适宜度Ⅰ类地区，气候、地形及水土资源条件比较适宜和优越，这些区域已经集聚了大规模的工业和城市人口。但无论从国际发展经验、社会经济空间组织的程度以及国际化、信息化所带来的高度开放的发展系统的可能，这些区域在现代化支撑体系保障下，可以建成"高密度、高效率、节约型、现代化"的发展空间。①

适宜度Ⅱ类地区，自然环境条件所限，容纳人口能力有限，因此，需要逐步引导产业结构调整，促进消费方式转变，减少对生态系统的破坏。适宜度Ⅲ类地区，大多是生态脆弱的区域，有些是水土资源严重缺乏的区域，不适宜实施大规模的工业化和城市化，需要采取限制性政策。

（一）耕地持续减少，后备土地资源明显不足

土地资源是人口、经济发展和生产力布局的重要载体。近年来，工业化、城镇化的加速发展，导致土地利用结构发生了较大的变化，集中体现在以下几个方面。建设用地显著增加。城市建设用地增加了1.08万平方千米，增长了36%；工矿建设用地增加1.16万平方千米，增长了39%；交通基础设施建设用地由1.95万平方千米增加到2.5万平方千米，增长了28%。

农业耕地持续减少。耕地从128.24万平方千米（19.24亿亩）减少到121.72万平方千米（18.26亿亩），减少了近1亿亩耕地，耕地保护的任务愈加艰巨。

未利用土地多为难利用土地。尽管我国未利用地面积大（27.57%），但约占3/4的未利用土地为难以开发利用的沙漠、荒漠、裸岩及石砾地、重盐碱地、重沼泽地等，主要分布在西北干旱区和青藏高原，自然条件恶劣，开发利用难度大。

自然地理条件较好、适宜大规模工业化、城镇化的地区，耕地和未

---

①方从刚.信息技术支撑下的国土资源监管技术体系研究与应用[D].成都:成都理工大学,2013.

利用地大量减少,后备土地资源十分紧张。这些变化在珠江三角洲、长江三角洲最为显著,珠江三角洲的耕地下降约14%,建设用地增长约25%。

上述变化集中表明:支撑我国进一步推进工业化、城镇化的国土空间减少,我国经济发展与土地资源的矛盾将进一步加剧。这要求我国在今后国土空间开发中大幅提高土地利用的集约化水平。

(二)大部分区域水资源短缺,水资源供需态势发生变化

水资源是国土空间开发格局形成的重要支撑要素。我国水资源非常紧缺,人均水资源量为2409立方米,仅为世界平均水平的25%。同时,水资源的空间分布极不平衡,长江流域及以南地区的水资源量占全国的81%,人均水资源量和亩均水资源量均高于全国平均水平,而北方的黄淮海流域水资源量仅占全国的7.2%,人均水资源仅为全国平均水平的15%。值得注意的是,经历了长期的高速经济增长和大规模城市化,过去20多年来,我国区域水资源供需态势进一步发生了明显变化:资源性缺水和水质性缺水问题更加普遍。

如在我国北方地区资源性缺水愈加严重,海河和黄河流域的地表水已处于过度开发状态,西北的内流河区、淮河流域地表可用水资源利用也临近极限;海河流域、淮河流域和山东半岛地下水已经超载,以地下水为供水水源的城市也大多数处于局部超载状态,供需矛盾突出。即使调水工程实施后,供需矛盾得到一定程度的缓解,但资源性缺水将长期存在,长距离调水没能根本解决北方地区用水问题。

而南方地区特别是长江三角洲、珠江三角洲都市经济区以及成渝都市经济区等地区河流,特别是流经城市的河段90%都已被污染,造成水质性缺水。在进一步优化调整国土空间开发格局中,需要科学地分析各地区水资源开发潜力,充分考虑水资源的分布对人口与经济布局的影响。

从对城市发展的要求来看,西北地区生态脆弱,水资源严重缺乏,除黄河干流沿线外,应严格控制城市的规模;华北地区水资源匮乏,应避免调水多造成的"以供促需"的发展模式;东部地区发展快,用水量

大,水质性缺水严重,应以水资源作为城市发展的重要前提条件,防止城市的无序扩张;西南地区供水的工程代价大、东北地区水资源分布不平衡,城市发展应结合本地区的水资源分布,合理确定城市布局和规模。

从产业布局的要求来看,针对我国北方地区水资源的供需矛盾越来越突出的情况,要加快调整布局,改变钢铁、煤炭、重化工、电力工业等大耗水工业大量分布在我国北方的现实,限制缺水地区、缺水城市大耗水工业的发展。国家工业化发展需要的大耗水工业应布置在水资源充沛的沿江地带或沿海地带。

(三)关键矿种呈现结构短缺

能矿资源产区与加工消费区错位问题更加突出,能矿资源及其开发是影响国土空间开发的重要因素。我国经济社会发展对能矿资源的需求保持强劲增长的势头,目前关键矿种已呈现较为突出的结构短缺问题,不能满足我国经济社会持续发展的需要。

随着我国关键矿种的日益短缺,能矿资源产区与加工消费区的空间错位问题日趋突出,要求我国在今后的经济社会发展中要逐步转变过多依赖国内资源的局面,并充分利用两种资源、开发两大市场,增加对世界资源的利用和关键资源的储备。我国国土空间开发格局的优化,要适应我国能源资源供应的战略新取向,加强沿海、东北、西北口岸城市和沿海、沿边重化工业基地建设,同时加强中西部地区资源、能源基地与东部地区的通道建设。

二、生态环境恶化,经济社会发展进入生态环境的强约束阶段

(一)生态环境的压力

20世纪中后期以来,大规模的市场开放,引进先进技术、调整经济结构,使原有的生态环境得到一定程度的缓解,尽管如此,庞大的人口数量、迅速提高的生活水平以及传统的资源环境开发理念依旧对原已十分脆弱的生态环境造成了巨大压力。

到目前为止,全国因水土流失损失的土地面积达266.6万平方千米;荒漠化面积264万平方千米,占国土面积的27%;华北、中原、华

南、华东等地区呈现明显的区域性大气污染特征,灰霾现象频繁;在山西、河北、河南、湖南、湖北、云南、内蒙古、甘肃、贵州、广西、四川、重庆等省市二氧化硫污染严重;华中、西南、华东和华南地区成为我国污染严重的酸雨区;"三河三湖"水环境受到严重污染,环渤海、长江三角洲、珠江三角洲等沿海城市密集地区近岸海域,成为我国近海海域污染最为严重和赤潮多发的海域。

(二)交通条件显著改善

为国土开发向战略纵深推进提供了强有力的支撑,交通基础设施是国土空间开发的基本支撑。

第一,形成了覆盖全国的综合交通网络,交通服务能力明显提高。以地面交通时间30分钟计算,我国能享受到铁路、高速公路和航空服务的国土,铁路运输服务国土面积比重为50.2%,高速公路为25.6%,航空为20.6%;我国83.6%的人口能在30分钟内享受到铁路运输服务,高速公路为71.7%,航空为41%;铁路运输服务的GDP比重约占92.5%,高速公路为87.3%,航空为63.3%,

第二,形成了与国土开发主轴线相耦合的大型综合交通走廊。在我国国土开发的主轴线上,交通基础设施完备,运输能力强,形成了功能强大、网络发达的综合交通运输走廊。同时,这些大型综合线状交通设施开始发挥对产业和人口的空间引导作用,沿线地区在提升全国经济实力方面贡献突出。

第三,城市群等重点地区已形成我国最为发达的交通基础设施网络。在长三角、珠三角、京津冀、辽中南、山东半岛、中原、川渝、关中等城市群地区,均建有若干条大运输量的高速公路、高密度的机场,除关中地区和中原地区外,均布局了一系列的港口,成为我国交通基础设施最为发达的区域,为今后这些地区的经济社会发展提供了强力支撑。

第四,交通建设重点已转移到我国中西部地区。目前,我国中远程的交通干线建设重点已经转移到中西部地区。但沿海地区和部分中西部地区的发达地区,在建设综合性的高效能的以城市为中心的运输体系方面明显走在前头,由此形成的区域可达性大为提高。

通过对我国资源环境、交通等支撑条件的变化分析表明：伴随着我国经济社会的快速发展，支撑我国国土空间开发的土地资源、水资源、能矿资源及生态环境等自然基础条件在恶化，资源开发的供需矛盾和产销空间错位问题更加突出，生态环境约束进一步强化。

要求国土空间开发需要适应资源环境的变化，面对各地区资源环境承载能力的巨大差异，引导人口和产业合理集聚，城镇发展转向集约、节约型模式。与此同时，交通条件的显著改善为我国国土开发向战略纵深发展创造了条件。未来的国土空间开发可以进一步向中西部地区拓展，在大型综合交通走廊形成新的经济带，在交通最为发达的区域加快推进城市群的发展。

第三节 优化国土空间开发格局的原则和目标

未来一段时间，工业化、城镇化仍将是影响我国国土空间开发格局的主要因素，我国国土空间开发面临的国情和形势更加严峻：经济总量快速扩张，人口总量持续扩大，经济社会结构转型调整加快，有限的国土空间面临承载规模更大、强度更高的经济社会活动。

与此同时，支撑我国国土空间开发的土地资源、水资源、能矿资源及生态环境等自然基础条件在恶化，资源的供需矛盾和产销空间错位问题更加突出，生态环境约束进一步强化，国土空间开发格局的优化调整需要进一步明确原则与目标。

一、优化原则

（一）处理好开发与保护的关系，贯彻依据自然条件适宜性开发的理念

不同的国土空间，自然状况不同。海拔很高、地形复杂、气候恶劣以及其他生态脆弱或生态功能重要的区域，不适宜大规模高强度的工业化、城镇化开发，有些区域甚至不适宜高强度的农牧业开发，否则将

对生态系统造成破坏,对提供生态产品的能力造成损害。

因此,必须更加注重开发与保护的关系,尊重自然、顺应自然,根据不同国土空间的自然属性确定不同的开发内容。对生态功能区和农产品主产区,不适宜或不应该进行大规模、高强度的工业化、城镇化开发,难以承载较多的消费人口,必然要有一部分人口主动转移到就业机会多的城市地区。

同时,人口和经济的过度集聚以及不合理的产业结构也会给资源环境、交通等带来难以承受的压力,必须根据资源环境中的"短板"因素确定适宜的可承载人口规模、经济规模以及产业结构。

(二)处理好集聚与区域协调发展的关系

把以人为本放在更加突出的位置,根据发达国家发展经验证明,一国在其起飞和走向成熟阶段的经济快速增长和城市化过程中,其生产与人口空间分布的演变具有"宏观上持续聚集,微观上先集中后分散"的规律性,但由此也会造成生产与人口在地域分布上的"过密和过疏"问题。

在我国,区域发展差距过大,2亿多人口常年大流动及带来的种种社会问题,水资源和能源大规模跨区域调动的压力日益增大,超大城市资源环境的"不堪重负"等问题,其实质都是市场机制作用下的空间失衡,主要是没有处理好集聚与区域协调发展的关系,造成资源、能源及人口分布与经济活动的严重不协调。因此,今后国土空间开发要把空间中人的公平放在更加突出的位置,正确处理好集聚与区域协调发展的关系,正视区域资源环境背景差异以及日益凸现的城乡间、地区间发展水平差异所带来的社会失衡问题,拓展国土开发的空间战略纵深,促进人口与经济分布的相对均衡,因地制宜地引导或者约束区域的开发和发展,协调城乡关系;通过财政转移支付等政策手段,逐步缩小地区社会发展的差距。[①]

---

①徐磊.基于"三生"功能的长江中游城市群国土空间格局优化研究[D].武汉:华中农业大学,2017.

（三）更加注重市场机制的基础性作用

突出经济区域的培育与发展，我国现行行政管理体制既赋予了地方政府对所辖区域社会经济发展过多的行政管理权，又给予了地方政府过多的经济增长压力（如主要考核干部的GDP、财政收入、吸引投资等指标所带来的巨大压力），行政区经济仍然主导着我国区域经济发展和国土空间开发，阻碍生产要素的自由流动和资源的高效利用。

尽管区域规划缓解了这种各自为政的"小而全"问题，但很可能产生新的、以区域为单元的"大而全"的无序竞争现象。

因此，在未来国土空间开发中，要更加注重市场机制在国土开发中的基础性作用，理顺地域间的正常经济联系，加强以经济联系为基础的城市群和经济区建设，将打造扩大地区间的地域联系的经济带作为国土空间开发的重要形式；适应经济全球化发展的新形势，充分考虑与周边国家的联系，注重国际经济要素的利用，加强国际次区域地区的合作发展。

（四）更加注重国土安全

突出生存安全和民族、边疆地区的繁荣稳定，引入国土安全观，从保障国土安全的战略高度，对危及国家生存的粮食安全、战略性资源能源安全、生态安全等要强化国土空间保障，明确空间对策；从民族团结和边疆稳定的战略高度出发，更加重视民族、边疆地区经济社会的发展，将民族、边疆地区的开发建设作为国土空间开发的重点，纳入国土开发的重要战略部署。

二、优化国土空间开发的战略目标

优化国土空间开发格局的战略目标应立足于体现国家意志，着眼于未来20—30年我国经济社会发展的宏观战略要求，充分考虑我国国情和区域协调发展的需要，结合区域资源和环境条件的可能，形成高效、协调和可持续的国土空间开发格局。

（一）目标高效、节约、疏密有致的国土空间

形成高效、节约、疏密有致的国土空间开发格局。坚持集约节约、

资源高效配置的原则,引导全国及各地区产业和人口的合理集聚,形成与自然环境条件相适宜的疏密有序的发展格局。强化都市圈、城市群以及经济带的集聚功能;通过产业、功能提升和支撑保障体系的构建,优化经济区的空间结构,形成集约化、高效率、节约型和现代化的发展与消费的空间格局;依托点—轴系统,促进城乡之间、经济核心区与周边地区的协调发展;贯彻基本公共服务均等化原则,加大国家对欠发达地区的支持力度,促进民族地区、边疆地区和贫困地区经济社会发展。

(二)目标建设绿色、安全的国土

建设绿色、安全的国土,构建国土安全屏障,促进生态保护与修复的结合,加强生态敏感地区保护和生态退化地区整治,逐步恢复重要河湖江源及滨海湿地功能。提升预防和应对重大自然灾害风险的能力;以人为本,形成以水网和开敞空间为支撑的绿色国土。

(三)目标融入全球经济体系的开放国土

融入全球经济体系的开放国土,提高国际竞争力,构建保障可持续利用国际资源的支撑体系。包括提升沿海深水港口及其集疏运系统的能力、沿边能矿资源保障的战略通道建设;强化长三角、珠三角、京津冀地区国际功能,提升我国参与国际竞争,主动融入全球经济体系的能力;构建与周边国家战略合作的次区域经济圈,包括东北亚次区域合作、中亚次区域合作、东南亚次区域合作、南亚次区域合作等。

第四节 优化国土空间开发格局的途径

一、优化国土空间开发格局

优化国土空间开发格局应采取政府与市场相结合、控制与引导相结合、空间落实与空间弹性相结合,针对目前开发建设各自为政、资源利用无序竞争、空间开发管治失效等宏观突出问题,要从空间战略、空间组织、空间管治及空间管理等多个层面进一步明确优化国土空间开发格局的基本途径。

（一）实施区域协调发展战略与主体功能区战略

对国土空间开发进行总体战略部署，对于我国这样一个国土辽阔、地区差异大的大国，国土空间的开发管理要引导与管制相结合，国土空间开发格局要相应体现这两方面的内容：既要包含"引导开发"的内容，也要包含"管制开发"的内容。

国土空间开发应着重解决"在哪开发、如何开发、开发什么、开发到什么程度"等四个问题，见图4-1。全国主体功能区规划重点回答了我国国土空间"开发什么、开发到什么程度"的问题，但对"在哪开发、如何开发"并没有充分的阐述；区域发展总体战略将我国的国土空间划分为四大地区，但仍然存在空间尺度过大、空间划分过粗、空间组织不太明朗等问题。

因此，我国国土空间开发总体战略部署应在完善区域发展总体战略的基础上，整合提升区域发展总体战略和主体功能区战略，围绕"在哪开发、如何开发、开发什么、开发到什么程度"等四方面的内容建立全国统一的、"一盘棋"的总体蓝图。与此同时，为了便于国土空间开发总体部署与区域发展总体战略有所差别，建议将区域发展总体战略改为区域协调发展战略。

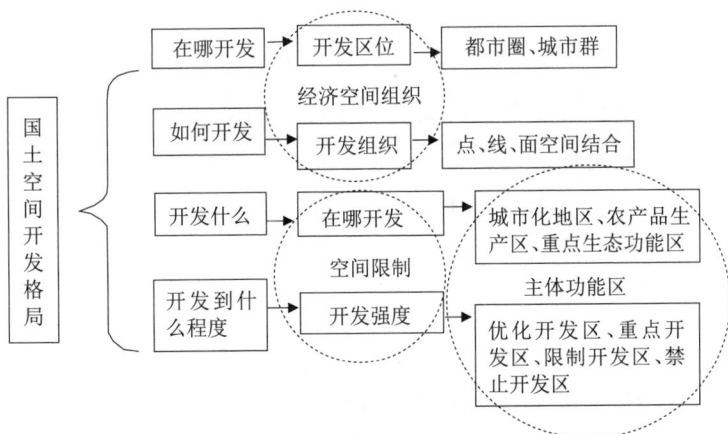

图4-1　国土空间开发总体战略部署框架图

（二）引导人口与经济协同集聚

拓展国土开发空间战略纵深,我国国土开发与经济布局的重点主要集中在沿海地区,近些年又开始逐步转向长江沿岸地区,由此就奠定了"T"字形战略布局的基本框架。经过30多年的重点开发,沿海地区的经济实力和自我发展能力大大增强,目前已经成为支撑我国经济增长的战略高地;沿海地区的长三角、珠三角、京津冀三大城市群也成为我国发展的经济核心区和引领区。可以说,以沿海为重点的国土空间开发,有力促进了全国经济的高速增长和国家整体竞争力的提升。但与此同时,以沿海为重点区域的国土空间开发带来以下问题。[①]

第一,人口与产业非协同集聚。从全国范围看,我国经济总量和产业活动在不断向东部地区集中,而人口分布几乎没有发生大的变化。东部地区生产总值占各地区总额的比重由43.6%提高到55.5%,增加了11.9个百分点,而东北三省、中部六省和西部十二省区市分别下降了5.0、3.5和3.4个百分点。21世纪东部地区人口仅占全国的36.3%,但实现地区生产总值占55.7%,工业增加值占59.0%,全社会固定资产投资占49.7%,实际利用外商直接投资占87.3%,出口额占88.8%。相反,中西部地区经济总量占全国的比重却远低于其人口份额。

第二,都市圈和城市群过去在大规模集聚产业的同时,并没有起到同比例大规模集聚人口的作用,由此导致人口分布与经济活动分布严重不协调。比如,我国三大城市群的人口占全国的12.6%,但地区生产总值占36.8%,二者之比高达1∶2.92。相反,国外各大城市群经济总量所占比重较高,但其人口比重也较高,二者基本上是协调的。比如,美国波士华城市群的人口占美国的17%,实现GDP占美国的20%,二者之比只有1∶1.18。

第三,我国区域差距在不断扩大。一直到21世纪之前,我国东西部间人均生产总值差距都在扩大。东部与西部人均生产总值相对差距由44.7%扩大到63.0%,东部与中部相对差距则由38.9%扩大到

---

①朱磊.国土空间规划下布局优化方法研究[D].成都:四川师范大学,2019.

58.9%，二者分别扩大18.3和20.0个百分点。近年来，尽管东西差距呈现缩小态势，但仍然很大。2008年，深圳人均生产总值已超过1.3万美元，广州超过1.2万美元，上海、宁波、青岛等超过1万美元，珠三角超过9000美元，整个东部地区达到5331美元，而中部地区只有2565美元，西部地区为2297美元，大西南为2017美元，贵州则不到1300美元。

这种人口与经济活动的非协同集聚，是与现行的劳动力只能"流动"而难以安家落户的人口迁移政策密切相关的。正是这种人口与经济活动的非协同集聚，才造成了目前我国区域经济发展的严重不平衡和悬殊的城乡区域差距。更重要的是，这种非协同集聚带来了两个方面的严重不协调：一是进一步加剧了沿海加工制造能力与中西部能源、原材料产地之间的严重脱节。二是造成了就业岗位与人口分布的不协调。

在珠三角、长三角等地，拥有大量的就业岗位，面临着劳动力短缺问题；而在中西部诸多省份，虽拥有丰富的劳动力资源，却缺乏相应的就业岗位。

第四，造成在全国范围内形成大规模的劳动力流动、资源大调动，包括大规模的"民工潮""南水北调""西气东输""西电东送"等，既加剧了交通运输紧张状况，也增加了不必要的资源浪费。

目前，珠三角、长三角等一些城市开发强度已经过高，如2012年末，珠三角国土开发强度已达16.49%，其中深圳、东莞、中山、佛山的国土开发强度已超过国际警戒线（30%），珠海、广州也已逼近该强度。深圳的国土开发强度最高，接近50%；相反，中西部有一些随着国际经济环境变化的，特别是国家经济实力的增强和发展水平的提高，沿海地区要素成本的攀升，全国综合交通运输网络体系的形成，西部大开发、东北振兴和中部崛起战略的实施，要构建一个安全、有序、高效、和谐、可持续的国土开发新格局，就必须改变过去国土空间开发过于集聚东部三大大都市圈的做法，合理引导人口和产业协同集聚，大力拓展战略纵深，促进国土空间开发向纵深空间推进。

其一,在中西部适宜地方发展区域性增长极。在推进农民工在城市安家落户的同时,鼓励沿海企业和外商投资向中西部转移,支持中西部地区建立产业转移承接基地,在中西部适宜地方建设区域性增长极。在全国除了珠三角、长三角、京津冀外,还要加快发展山东半岛城市群、辽中南城市群、海峡西岸城市群、中原城市群、长江中游城市群、湘东城市群、川渝城市群、关中城市群、北部湾城市群等,由此形成"群雄并起"、多极发展的区域发展格局。

其二,重点打造一批国家级重点开发轴线。在继续完善沿海发展轴线的基础上,进一步加强沿长江轴线尤其是中上游地区的开发,并依托主要交通干线和综合交通运输网络,以都市圈和城市群为载体,以主要中心城市为节点,加快推进建设一批新的国家级重点开发轴线,逐步形成多轴线的开发总体格局。

这样,通过实行多中心网络式和"点—轴"式开发战略,逐步在包括东部、中部、西部和东北地区在内的全国国土范围内,培育一批支撑全国经济高速增长的新增长极、增长区和增长带,由此推动全国经济一体化和区域协调发展新格局的形成。

(三)推进集中集群集聚发展

在不同类型区域形成不同规模的集聚空间,集聚是一个国家或地区区域经济发展普遍存在的经济地理现象。克鲁格曼首次运用主流经济学的研究工具对这一现象进行了深入的理论研究,认为:在工业品占主导的社会里,资本与人口的流动与聚集,将扩大聚集地的最终消费品市场和中间投入品市场,使厂商降低成本,获得规模效益,消费者从聚集中得到更多样化更廉价的商品和服务;而且,集聚经济的存在,各种产业和人口的聚集是一种自我加强的过程,即使初始条件完全相同的地区,也会因一些较小的变化引发"因果循环累积"机制,使生产集中分布。

藤田和克鲁格曼的研究中发现:当一国人口和土地规模超过某一临界值就会形成多个核心区。世界发展报告从世界多个国家的发展实践中证实,集聚是一国区域经济发展不可逾越的阶段,并认为国家所有地区都会发生人口向城市集中的趋势,形成"先进地区"和经济偏远区,但当人均收入介乎10000美元和15000美元之间时,这种集中趋势就会放慢或停止。

与此同时,集聚在不同尺度空间范围内其集聚速度是有所差别的,世界发展报告研究认为,经济力量运作的地理空间并非真空,集中的速度因地理标度的不同而相异,地方层次的生产和人口集中的速度最快,国家层次的集中稳步进行,国际层次最慢。对于国土辽阔、地区差异大的我国,集聚同样在全国范围内的不同尺度空间、不同类型区域同时进行,只是呈现小尺度空间集聚速度快、大尺度空间集聚速度慢;东部地区集聚速度快、中西部地区集聚速度慢等特点。

受此影响,我国将在全国范围内形成规模大小不一的集聚空间体系,只是其主体形态的表现形式不一,有的以城市群的形式出现,有的以中心城市、县城和小城镇等空间载体出现。适应区域经济发展的一般规律,推进经济活动集中集聚发展,引导在不同尺度空间、不同类型区域形成规模不一的集聚空间。

1.在城市群地区采用网络开发模式

在城市群地区应体现网络开发模式,全面加快跨地区基础设施网络的建设步伐,尽快完善大中小城市之间的快速交通主干道建设,加快区域经济一体化步伐。注重城市群内部中小城市与大城市的分工协作,通过网络型基础设施建设,强化中小城市之间、中小城市与大城市之间的经济联系,充分发挥大城市的集聚、辐射和服务功能,促进土地和空间的集约利用,实现区域协调的网络型面状发展。按照"经济与人口协同集聚"的原则,大力加强农民工市民化进程。

2.人口稀疏、产业基础弱的地区采用据点开发,发展区域中心城市

在人口稀疏、产业基础弱的城市群以外地区应体现据点开发模式要求。第一,应围绕重点城市(如主要省会城市、地级市)集中建设区域性基础设施,以吸引产业和人口向城市聚集,同时降低设施建设成本。第二,各重点开发据点之间,它们与人口和城镇密集地区的联络

交通线,要采取大容量、集中式、以主干线为主的方式加以解决,以提高交通网络的效益。第三,要通过人口迁移,逐步减少生态脆弱地区的人口,减轻生态压力,增强其生态服务功能,并通过财政转移支付、优化生态补偿等途径弥补其发展机会损失。

3.人口密集、产业基础不强的地区采用点—轴开发,发育发展轴或经济带

在人口密集,但产业基础不强的地区,近期应以强化中心市为重点,打造发展轴和经济带为目标,培育都市圈和城市圈。一要增强核心城市的服务功能;二要在此基础上,依托区际交通干线,打造发展重点发展轴线,通过核心城市和轴线带动区域发展;三要着眼长远,培育都市圈和城市圈,城市密集的地区有可能形成新的城市群。这类地区的点—轴开发模式,要注重通过强化核心城市和轴线的服务功能,缩小城乡间发展机会的差距,促进城乡统筹发展。

二、实施"4+3"的空间管治模式,推进空间功能差异化发展

我国地域辽阔,各地区的自然地理环境条件分异显著,决定着各地区国土功能和开发利用目标是不同的。不仅如此,我国各地区支撑经济建设的资源系统和生态基础大不相同,对外对内联系条件和区位条件因地而异,经济社会发展水平和经济技术基础差距很大。

因此,各地区在全国经济、社会、资源、生态系统中所履行的功能应当是不同的,空间功能差异化发展成为国土空间开发利用的必然趋势和现实选择。

编制并实施主体功能区规划是我国推进国土空间主体功能差异化发展,规范国土开发秩序,控制开发强度,推进形成人口、经济、资源环境相协调的国土空间的重大战略部署。我国颁布实施了《全国主体功能区规划》,明确提出:依据各区域的资源环境承载能力、现有开发密度和发展潜力,统筹考虑各个区域在全国总体发展格局中的任务,以约束开发冲动为主旨,以开发强度和开发功能为坐标对各区域的开发建设做出了合理的强制性安排:从开发强度的角度确定了优化开

发、重点开发、限制开发、禁止开发等四种开发管制方式；从开发功能上明确了城市化地区、农产品主产区、重点生态功能区等三种开发管制类型，形成了"4+3"的国土开发空间管制模式（见图4-2）。这种"4+3"空间开发管制模式对国土空间从"开发什么、开发到什么程度"进行了明确的限制，符合我国的基本国情，在今后的国土开发中应一以贯之。

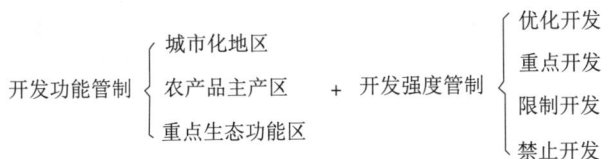

开发功能管制 ｛城市化地区 农产品主产区 重点生态功能区｝ + 开发强度管制 ｛优化开发 重点开发 限制开发 禁止开发｝

图4-2 "4+3"国土开发的空间管治图

但主体功能区规划对国土开发活动的约束只是以主体功能为发展方向性的要求，在开发强度上是宏观性、原则性要求，不涉及具体的强制性约束，难以达到对国土空间开发应有的管制效果，应该从以下两个方面加以完善。

（一）设立生态空间的"底线"

目前，在珠三角、长三角等地区，随着工业化和城镇化的快速推进，城市建成区向四周农村地区迅速蔓延，不断吞噬着农田和生态空间，有些相邻城镇和工业区已连成一片，形成漫无边际、缺乏生态空间的"水泥森林"。有的城市甚至提出要消灭"农村"。

显然，缺乏足够生态空间的城市是不宜居的。从适宜人居的角度看，不仅需要良好的生产和工作空间，更需要良好的居住、生态和休闲空间。因此，对于不同类型的国土空间，需要科学地设置生态空间的底线。比如，在主体功能区规划中，优化开发区生态空间的比重一般不低于30%，重点开发区不低于40%，限制开发区不低于80%，禁止开发区不低于95%。只有这样，才能使各地区真正走上生产发展、生活富裕、生态良好的文明发展之路。

（二）设置开发强度的"高限"

强化国土空间管治，就必须有一些约束性的指标。目前，在国家主体功能区规划中,除禁止开发区带有约束性或强制性外,优化开发、重点开发和限制开发区域中的主体功能只是引导性的,不具有强制性。所以,在这三类主体功能区中,应该设置开发强度的高限。对优化开发区、重点开发区的城市地区,也应相应设置开发强度限制。对于限制开发区域,进行点状开发,设置相应的开发强度高限。

建立"中心城市—都市圈—城市—经济区"区域空间体系,逐步形成"发展轴—城市群—经济区"空间结构。随着城镇化水平的逐步提高,尤其是城市化水平超过50%之后,国土空间结构将加快进入"大都市区时代",它的发展前景主要取决于系统内部的组织化程度。

遵循系统发展的内在规律,增强空间结构的有机组织性,由一盘散沙、无序开发变成一个有机整体,是我国现阶段国土空间开发面临的重大任务。

在市场经济条件下,经济空间的发展演变有可能是有秩序的进一步优化,也有可能是无序发展过程。规范经济空间组织的目的就是引导人类经济社会活动在空间安排上的秩序化,期望通过合理的经济空间组织促进经济社会快速、健康和可持续发展。

建立"中心城市—都市圈—城市群—经济区"区域空间体系,在我国,依托中心城市建设大都市,依托大都市进而依次形成都市圈、城市群、经济区是地域空间开发的基本演进过程和特征。以"中心城市—都市圈—城市群—经济区"构建我国区域空间体系是比较科学合理的。为了厘清这一区域空间概念体系,需要将相类似的概念进行归并,如可将概念内涵较为相似的都市区、都市圈、大都市区统归为都市圈;相应将城市带、城市连绵区、都市连绵区、都市连绵带等统归为城市群。都市圈、城市群和经济区具有如下联系和区别。

有相互包含的关系。都市圈依托功能强大的中心城市也就是大都市,大都市是都市圈形成的基本条件。城市群由一个及以上都市圈组成,经济区则是以城市群为核心的区域综合体。

界定标准考虑的因素有差异。都市圈界定的标准有两个核心的要素,一是中心城市人口及经济的规模。二是外围地区到中心城市的通勤率。城市群界定的标准既要有人口总规模,而且对总面积、人口密度、城镇密度都有明确的要求。肖金成(中国区域经济学会副会长、中国城镇化促进会副主席、中国区域科学协会理事长)、袁朱[①]认为,城市群的最低标准大致为:面积5万平方千米左右,区域人口2000万人以上,人口密度400人/平方千米左右,中等以上城市10个左右,城市密度2个/万平方千米。经济区界定的标准除城市群外,还需要考虑外贸货流、铁路客货流、人口迁移流和信息流等因素。

分工协作程度不同。都市圈、城市群内部经济联系紧密,分工协作的程度高;都市圈分工协作的程度应高于城市群;经济带和经济区内的分工协作最为松散。

加强对基本农田保护区、战略性资源能源储备区、生态保护区的控制,强化粮食、能源和生态安全保障,发达国家的经验表明,事关国家安全的空间保障在国土空间开发中具有十分重要的地位。在市场经济国家,各种经济活动受市场引导,国家不能强行控制。但这些国家对战略性资源、环境通过空间规划实行刚性控制。

如美国建立了战略性资源储备区,并通过公共用地规划在空间上对如国家公园等需要保护地区的用地类型做出了严格的限制。我国人口众多、关键性资源短缺,着眼未来,为确保经济社会可持续发展,也必须明确事关我国粮食、能源和生态安全的保护空间,对全国范围内的基本农田保护区、战略性资源能源储备区及重点生态保护区实行刚性控制。

(三)严格控制基本农田保护区

我国已划定基本农田保护区1.25亿块,基本农田面积15.8亿亩,保护率超过80%。着眼未来,要从维护国家粮食安全的大局出发,按照《全国土地利用总体规划纲要(2006—2020)》的要求,切实加强基本农田保护工作,确保15.8亿亩的基本农田数量不减少、质量有提高。

第一,稳定基本农田数量和质量。严格按照土地利用总体规划确定的保护目标,依据基本农田划定的有关规定和标准,参照农用地分

---

① 肖金成,袁朱,等. 中国十大城市群[M]. 北京:经济科学出版社,2009.

等定级成果,划定基本农田,并落实到地块和农户。

第二,严格落实基本农田保护制度,其他各类建设严禁占用基本农田;确需占用的,须经国务院批准,并按照"先补后占"原则,补划数量、质量相当的基本农田,将基本农田的变化情况纳入年度变更调查,进行"五级"备案。

第三,确定一些集中连片、优质高产的基本农田作为重点保护区,实行重点监管、重点建设;通过卫星遥感动态监测等手段定期对重点城市或区域基本农田的动态变化情况进行监测,发现问题及时纠正。

(四)建立战略性资源储备区

建立战略性资源储备区既可以保证战时的国家安全需要,也可以保证平时的经济安全需要,更重要的是可以在尖端科技研发领域占据优势领先地位。许多国家基于国防目的的战略资源储备并未停止,基于经济安全和科技领先目的的储备则在很大程度上有所加强。

从现实情况来看,我国人口众多,人均资源占有率很低,资源相对短缺,对外依存度日益增大,随着经济的快速发展,粮食、石油、稀有金属等战略性资源短缺对我国经济安全与经济发展构成的威胁越来越大,资源安全已成为21世纪影响国家安全的重要内容。为维护国家安全和经济社会可持续发展,避免其他国家利用资源牌对我国进行打压和控制,除了挖掘国内资源潜力提高资源利用效率外,完全有必要建立战略性资源能源储备体系,划定战略性资源能源储备区。

一般来说,战略性资源指尖端科技和国家安全所必需的,国内供应无法充分满足需求并且国外供应有限,有可能达到急缺危险点的矿产。它一般包括涉及国计民生的、稀缺的重要矿产资源,主要是指稀缺矿种、关键矿种、重要矿种的稀缺品种三个方面的战略资源储备。既包括石油、铀矿等关键矿种,也包括镍矿、锰矿等稀缺矿种,还包括主焦煤等煤炭稀缺品种、稀土等国内蕴藏丰富但国际紧缺的重要矿种。

在我国,根据自然资源部公布的《国土资源规划纲要》,石油、铀、煤炭、铁、铜、铝、锰、铬、钾盐、稀土、钨等可列为我国的战略性资源。

对战略性资源储备区的建设要统筹规划,切实从可持续发展角度考虑资源储备以及资源的开发时机,建立一批矿产资源战略储备基地,对优势矿产地"留而不开"。

(五)建立生态安全保护区

生态安全是我国实现可持续发展的基本保障。对全国或较大区域范围内生态安全有较大影响力的区域,主要包括天然林保护区、草原区、水源保护区、自然灾害频发地区、石漠化和荒漠化地区、水资源严重短缺地区、水土流失严重地区等。这些区域生态环境脆弱,是难以支撑大规模人口和经济集聚的区域。今后生态保护区的主体功能定位是:保护自然生态系统及生物多样性,重视自然环境的支撑能力和生态系统承受能力建设。在此基础上,根据发展条件,适度建设、局部开发,为全国可持续发展提供生态保障。对于生态保护区提高人民生活水平的问题,必须采取政府扶持为主体,加大财政转移支付力度,建立区域间生态补偿机制,健全公共服务体系,并逐步减少人口数量。

根据《全国主体功能区规划》,我国生态安全保障地区主要包括:大小兴安岭森林生态功能区、长白山森林生态功能区、阿尔泰山地森林草原生态功能区、三江源草原草甸湿地生态功能区、若尔盖草原湿地生态功能区、甘南黄河重要水源补给生态功能区、祁连山冰川与水源涵养生态功能区、南岭山地森林及生物多样性生态功能区、黄土高原丘陵沟壑水土保持生态功能区、大别山水土保持生态功能区、桂黔滇喀斯特石漠化防治生态功能区、三峡库区水土保持生态功能区、塔里木河荒漠化防治生态功能区、阿尔金草原荒漠化防治生态功能区、呼伦贝尔草原草甸生态功能区、科尔沁草原生态功能区、浑善达克沙漠化防治生态功能区、阴山北麓草原生态功能区、川滇森林及生物多样性生态功能区、秦巴生物多样性生态功能区、南高原边缘森林生态功能区、藏西北羌塘高原荒漠生态功能区、三江平原湿地生态功能区、武陵山区生物多样性及水土保持生态功能区、海南岛中部山区热带雨林生态功能区。

（六）理顺政府与市场的关系

基础靠市场，调控靠政府，理想的国土空间开发格局的形成取决于多种因素以及这些因素之间的相互作用。在这些因素中，既有客观的，也有主观的；既有自然的，也有人文的；既有历史的，也有现实的；既有经济的，也有社会、政治的。毫无疑问，政府和市场在这个过程中发挥更为重要的作用。在市场经济条件下，市场是配置资源和要素的基础性力量，形成理想的国土空间格局应主要依靠市场力量推动。然而，资源和要素在空间上配置的过程，可能是一个正外部性和负外部性不断产生的过程。

设立开发区，吸引外资进入，将改善这些地区的产业配套条件，增强承接产业转移的能力，提高这些地区经济和人口的承载力，从而产生显著的正外部性。

在生态功能区进行资源开发，有可能破坏这些地区的生态环境，减弱这些地区的生态功能，从而产生显著的负外部性。要形成理想的国土空间开发格局，必须在资源和要素配置的过程中，鼓励正外部性的产生，抑制负外部性的出现。

另外，理想的国土空间开发格局的形成，也是一个创造公共产品的过程。如对自然保护区的保护，有助于提高自然生态系统的生态修复能力，维护生物的多样性，从而增强各类自然保护区为人类提供"生态服务"的能力。受惠于这种服务的不仅有自然保护区及毗邻自然保护区的公众，而且有远离自然保护区的公众。因此，自然保护区提供的生态服务，有些具有区域性公共物品的性质，有些具有全国性公共产品的性质，有些甚至具有全球性公共物品的性质。

在存在外部性的场合和公共产品生产领域，市场经常会失灵。仅靠市场的作用，那些具有正外部性的活动（如改善产业配套条件的投资）难以充分开展，那些具有负外部性的活动（如生态地区投资建设高污染高排放的企业）却可能开发过度，公共产品的供给（如各类自然保护区提供的生态服务）也不会满足经济社会发展的需要。因此，优化国土空间开发格局，还必须适当发挥政府的作用。

总而言之,优化国土空间开发格局,既离不开市场,也离不开政府,要正确处理好政府和市场的关系。市场是基本力量,政府是不可或缺的调控主体;市场发挥作用的前提是政府设计合理的政策体系,政府发挥作用的条件是选准作用的领域——主要弥补市场的不足,而不是替代市场的作用。

具体来说,政府在优化国土空间开发格局的主要职责是:明确不同国土空间的功能定位并据此配置公共资源,完善法律法规和区域政策,综合运用各种手段,引导市场主体根据经济空间组织框架和相关区域主体功能定位,有序进行开发,促进经济社会全面协调可持续发展。

对都市圈、城市群及经济区的形成,主要依靠市场机制发挥作用,政府职责主要是通过编制规划和制定政策,加强基础设施建设,引导生产要素向这类区域集聚。对生态功能区、农田保护区等,要通过健全法律法规和规划来约束不符合要求的开发行为,通过建立补偿机制、转移支付等政策提高基本公共服务水平,引导地方政府和市场主体的经济行为。

对少数民族地区、边疆地区等经济欠发达地区,中央政府应通过完善基础设施建设、财政转移支付等政策手段扶持经济和社会发展,实现基本公共服务的均等化。

第五章 国土空间规划下布局优化方法

第一节 布局优化的国内外相关研究

一、空间规划与布局优化的发展

(一)国土空间规划的发展

2013年《全国国土规划纲要(2014—2030年)(草案)》的编制,确定了未来较长一段时间内,我国将主要着力于国土空间的开发、保护与整治,从侧面反映了国土空间规划重要性、导向性和战略性特色。

2015年9月,《生态文明体制改革总体方案》的审议通过,要求构建以空间治理和结构优化为主要内容,实现全国统一、相互衔接、分级管理的空间规划体系。并提出了"优、节、保、建"四大战略任务,其中的"优"即优化国土空间开发格局,构建科学、合理的空间格局,促进可持续发展。

2017年1月,《省级空间规划试点方案》的发布,提出在主体功能区规划的基础上,全面解析国土空间本底条件,划定"三区三线",即城镇、农业、生态空间以及生态保护红线、永久基本农田、城镇开发边界,统筹各类空间性规划,编制统一的省级空间规划,为实现"多规合一"、建立健全国土空间开发保护制度积累经验、提供示范。

2018年2月《中共中央关于深化党和国家机构改革的决定》提出组建自然资源部,统一行使"国土空间用途管制和生态保护修复职责",推进多规合一,实现土地利用规划、城乡规划等规划有机融合。

2018年11月庄少勤司长在第一届全国国土空间优化理论方法与

实践学术研讨会上发言时,提出了我国的空间规划要顺应时代发展,国土空间规划也进入生态文明。

我国政府在国土空间开发的平衡性与合理性问题上进行了长期深刻的讨论与探索,取得了一定的成果,为我国国土空间布局优化,区域可持续发展提供了有力的支持。

（二）各规划中的布局优化

不同的时代有不同的时空秩序支撑着时代的发展,空间布局优化在不同的历史时期具有不同的方法理论,其在不同的规划中也有着其独特的表现形式与侧重点。主体功能区规划是刻画未来中国国土空间开发与保护格局的规划蓝图,主体功能区规划已上升为主体功能区战略和主体功能区制度。

主体功能区规划对于空间的优化在于其确定了不同区域的主体功能,从而构成了我国国土空间的总体空间布局蓝图,该规划的优化核心在于构建指标体系对全域国土进行地域功能适宜性评价,并在此基础上划定各类功能区。主体功能区规划中所用的评价指标是基于空间格网的,但其最终的划定结果均是基于行政区的,最小一级到达县级,这样所得到的结果大大弱化了不同空间图斑的差异性。[①]

土地利用总体规划是由我国各级政府进行组织编制,其总体控制着一定区域内所有的土地利用,是国家政府管理土地利用的重要手段,是国家对土地利用进行宏观控制的战略安排。土地利用总体规划中的布局优化也被称之为"调控"。其首先对不同区域的土地资源和社会经济进行分析评测,然后通过调控各类用地的比例、布局实现土地利用结构优化,从而协调土地资源配置带来综合效益。

土地利用总体规划在布局优化时,其最终划定的用地类型主要为建设用地、农业用地和未利用地三大类。城市详细规划中的优化主要是针对建设用地,体现在政府部门依据详细规划的要求,明确各类具体用地所需要的规划条件,通过考虑环境、经济、社会等因素,确定地

---

①匡垚瑶,杨庆媛,李佩恩,等.城乡结合部农村居民点布局优化研究进展[J].绿色科技,2017(06):183-187.

块建筑密度、建筑高度、容积率、绿地率等,以此调控地块的功能,确定城市或开发区未来的建设目标。

城市规划中的功能布局调整,主要是针对地块。国土空间规划具有全国统一性、互通性、分级性,是全国统一编制的空间规划,国土空间规划要求上下互连,逐级分层划定三类空间。其根据不同地区的资源禀赋评价与实际情况对现状进行科学的评估,在此基础上进行三类空间的划分,并根据国土空间高质量发展、经济、社会与生态环境协调发展、绿色发展等原则进行三类空间的布局调整、优化,其服务于用途管理、自然资源监管。

国土空间规划对区域的资源禀赋评价是基于空间图斑,结果是基于空间格网,能够很好的体现区域的差异性。在生态文明下,国土空间规划是空间发展和空间治理的战略性、基础性、制度性工具,以国土空间规划为基础,贯彻绿色发展,全面平衡发展,可持续发展理念,结合国土空间开发适宜性评价、国土资源环境承载能力评价、耕地质量等别评价、建设用地效率评价等综合性评价,从开发适宜性、环境保护、粮食安全、建设开发利用效率等方面对国土空间进行了综合评价。

二、加快构建国土空间多级综合监测网络

随着科学技术的发展,国家系列重大战略的实施以及经济实力的日益增强,各类自然资源开发利用活动对国土空间的塑造能力日益强大,人类活动对陆地表层系统的扰动日益剧烈,国土空间格局正在发生剧烈演变。

城市群现代综合交通运输体系建设突飞猛进;京津冀协同发展、长江经济带建设引领下,区域发展格局日新月异;巨型流域开发、南水北调等重大工程实施,互联网时代国内外产业转移背景下的产业格局演变、全球气候变化下的粮食生产格局变化等,均会对国土空间格局产生深刻影响;乡村振兴、精准扶贫、统筹城乡背景下,城乡要素流动频繁,城乡一体化格局正在形成,也伴随着大量人口非农化造成乡村空心化、土地撂荒等问题;生态文明战略落实,传统国土空间开发方式转变,正在塑造新的生态安全格局。

可以预见,未来国土空间演变将是更为剧烈、深刻的,国土空间新格局正在加速形成。国家战略导向下,国土开发活动会对国土空间格局产生何种影响,国土空间格局演变又会产生怎样的自然、社会经济效应。解决诸如此类科学问题,亟需对国土空间变化及其生态环境、社会经济影响的关键科学现象和科学数据开展全要素、多尺度的国土空间动态监测。同时,生态文明体制改革、自然资源综合监管、建立国家公园体制、生态红线划定、优化国土开发格局等管理实践也明确要求建立覆盖全部国土空间的监测系统,动态监测国土空间变化。

（一）地理空间信息技术及作用

地理空间信息技术是指利用各种测量仪器、传感器及其组合系统获取地球及其他实体与位置特征、空间分布有关的信息,制成各种地形图、专题图和建立地理、国土、规划等各类信息系统的技术,为开展地球上的自然和社会现象研究,解决人口、资源、环境和生态等经济社会可持续发展中的重大问题提供技术支撑和数据保障。

国土空间管控需要基于统一的数据标准基础,统筹协调各类空间规划,形成统一的空间管控手段,地理空间信息技术凭借其强大的空间分析和位置服务能力在空间管控与规划过程中发挥着重要的技术支撑与保障作用。

（二）国土空间管控体系建设

借助于地理空间信息技术,以土地利用规划为底盘,统一城乡规划、环保规划、农业发展规划等的数据空间基础,以经济社会发展规划为目标,协调各规划,提出基于地理空间信息技术的国土空间管控体系,引导国土空间有序开发,优化资源空间配置,提升国土空间管控工作的技术水平。

（三）国土空间多源异构数据集成

为实现国土空间的有效管控,其规划基础数据库中应包含基础地理信息数据,遥感影像数据,经济、人文、统计等各类专题数据。基础地理信息数据包含不同比例尺、不同格式、不同空间参考、不同类型、不同语义、不同时段的多源数据,遥感影像数据包含不同时间分辨率、不同空间分辨率、不同传感器的多源数据,城乡规划、环保规划、农业发展规划等各类规划数据采用的数据格式、坐标系统、规划的时序、用地分类、规划基础、规划指标等各不相同,种类更加繁杂。

因此,需对多源数据进行集成,通过制定统一的标准,进行相应的规范化,经预处理(包括格式转换、坐标转换、代码转换、合并等)后采用统一的数据库模型进行集成管理,统一空间规划基础,减少冗余存储。

(四)国土空间开发适宜性评价

根据国土空间的自然环境特征和社会经济状况,综合考虑社会经济水平、资源状况、环境条件等因素,选取与资源环境承载能力密切相关的指标因子,构建资源环境承载力评价指标体系。在此基础上,结合地理国情监测数据及相关专业资料,形成基于资源环境承载力综合评价结果的空间开发适宜性评价实现方法。

(五)"三大空间"划分与"三条红线"落地

利用国土空间开发适宜性评价结果,结合现有国土空间功能区划分方式,制定基于地理国情普查数据和专业部门资料的城镇、农业、生态"三大空间"划分技术方法,划定城镇开发边界、永久基本农田红线和生态保护红线"三条红线"技术方法,为国土空间管控原则的制定和空间规划底图的形成奠定基础。

(六)管控空间监测与规划实施效果评估

管控空间监测。综合考虑"量"和"质"两方面因素,围绕国土空间不同管控区域的监测内容,形成监测各管控空间的面积、分布状况、聚集程度等量化指标、管控空间功能完整性和承载力大小的变化,如生态系统脆弱性、环境容量、生态环境承载力等性质指标所需的基础数据和监测方法。

规划实施效果评价。形成规划实施后的区域产业发展状态、城镇化水平及其空间适宜度的发展变化状况和民生改善类和约束类目标

（规划确定的公共服务、基础设施建设、生态环境保护等指标）完成情况的评价指标体系与评价方法，评价空间规划实施效果。

优化国土空间开发格局，就是"要按照人口资源环境相均衡、经济社会生态效益相统一的原则，控制开发强度，调整空间结构，加快实施主体功能区战略，推动各地区严格按照主体功能定位发展，构建科学合理的城市化格局、农业发展格局、生态安全格局。建设海洋强国"。其中，实施主体功能区战略，对于贯彻落实"均衡、统一"原则，调整国家和区域层面的空间结构，构建国土空间开发与保护格局，促进海陆统筹发展具有基础性、战略性的意义。

第二节　构建国土空间布局优化方法

一、空间转化方法

现状空间格局的形成受不同驱动因子的影响，随着驱动因子的变化现状空间格局也会发生变化，这一变化过程即空间转化，因此，空间转化方法的关键技术主要分为两部分，分别为驱动因子与现状空间的影响关系研究和空间转化概率的计算。logistic回归模型是较为成熟且效率高、操作简单的数据模拟方法，在各个领域广泛应用，魏伟（中国科学院上海高等研究院副院长、温室气体与环境工程中心主任）、冯徽徽（中南大学副教授）等利用logistic回归模型进行空间布局模拟且取得较好的成果，因此以logistic回归模型为基础进行三类空间转化概率布局模拟，保证了方法的科学性、易操作性。

（一）驱动因子与现状空间的影响关系研究

logistic回归是一种广义的线性回归分析模型，常用于数据挖掘、数据模拟、人口预测等领域。通过logistic回归模型的分析，我们可以得到各个参与运算的自变量的影响权重，从而可以基本掌握因变量主要受哪些自变量的影响。同时，还可以根据各自变量权重值的正负及大小判断各个自变量对因变量的影响程度及其正反面影响。

因此,通过logistic模型可以很好的模拟驱动因子与现状空间之间的影响关系。驱动因子对现状空间的影响程度回归模型表达式,如式5-1所示。

$$L(P) = \beta_0 + \beta_1 X_1 + \beta_2 X_2 + \cdots + \beta_n X_n \qquad (式5-1)$$

式5-1中:

X_1 X_2 X_n——各驱动因子;

β_0 β_1 β_n——影响各类现状空间的各种驱动因子的权重值。

对于logistic回归模型中的因变量,研究背景为国土空间规划,根据国土空间规划的最终目标为三类空间的划分,因变量为三类现状空间,包括城镇空间、农业空间、生态空间。对于自变量,即为影响三类空间格局的各类驱动因子,在进行驱动因子的选择时,设定了以下原则。

可获取性。驱动因子只有在数据准确、有效的情况下才能够进行数据的分析与应用,因此驱动因子的数据可获取性是首要的,也是最基础的。

可量化性。只有可量化的驱动因子才能输入logistic回归模型进行模拟,计算因子对现状空间的影响程度和正反面影响。

时点性。所模拟的空间格局是以现状空间的空间格局为基础,模拟未来的空间格局,因此驱动因子要具有时点性,使模拟结果也具有时点性。

相关性。所选取的驱动因子应当对研究区的各类现状空间布局具有重大的影响,排除无意义无影响的驱动因子。

综合性。所选取驱动因子要从不同的方面对现状空间布局产生影响,综合考虑影响空间布局的人文、自然等方面,使模拟结果更加符合实际空间布局趋势。

根据以上原则,将涉及的驱动因子分为:评价因子和控制性因子。

评价因子是国土空间布局的基础性限制因素,对土空间布局的可行性和方向性具有重大影响。本次研究所选取的评价因子除国土空间规划中"双评价"要求进行的国土空间开发适宜性评价、资源环境承载能力评价所得到的评价结果外,针对耕地和建设用地增加了耕地质量等别评价和建设用地利用效率评价,分别得到对应的评价结果。四项评价因子综合考虑了人文与自然因素,分别从国土空间的开发适宜程度、承载能力、耕地质量、建设用地的利用效率上进行分析研究,使空间布局优化的结果更具科学性。[①]

(二)空间规划中开展"双评价"

空间规划中开展"双评价"(资源环境承载能力评价和国土空间开发适宜性评价),是编制国土空间规划的前提和关键,是符合生态文明建设时代要求的。通过"双评价"我们可以较为全面的认知国土空间格局分异的社会经济规律和自然规律,从而科学的划分国土空间。"双评价"从国土空间资源数据以及自然环境特征入手,对国土资源适宜性和限制性进行评价,从而得出区域国土空间开发的适宜方向,指导规划实施与规划监测,保证了空间规划的科学性和合理性。

资源环境承载能力主要针对土地资源、水资源、水环境、大气环境、耕地质量、生态功能等进行了综合评价,其结果分为承载力高、较高、中等、低四级,承载力等级越高的区域在具备良好水土资源的情况下越适宜进行农业生产和城镇开发,承载力等级高但生态功能重要性较高的区域不适宜进行开发利用,而偏向于生态保护,因此,并不是承载力等级越高越适合进行开发利用。

国土空间开发适宜性评价结合自然资源条件和社会经济条件对国土空间进行了综合评价,其结果分为四级,一级区域最适宜开发,二级次之,以此类推四级区域不适宜开发,因此,城镇空间多布局于一级区域,生态空间多布局于三四级区域。

建设用地利用效率评价针对建设用地上的投入产出效益进行了评价,其结果以行政区为单位分为利用效率高、较高、中等、较低、低五个等级,利用效率越高的区域越适宜布局城镇空间。耕地质量等别评价针对耕地的农产品产量和质量进行评价,其结果分为优质耕地区和

①马海龙,杨建莉.新型城镇化空间模式[M].银川:宁夏人民出版社,2016.

一般耕地区两级,耕地质量等别越高的区域越适宜布局农业空间。

为了体现模拟结果的未来时点性和政策导向性,本次研究所选取的控制性因子均来源于不同的规划,使模拟结果能够体现未来空间布局特征且保证了数据的科学性,满足了不同的规划要求。控制性因子是国土空间布局的政策性影响因素,对国土空间布局的未来格局具有重大导向作用。控制性因子主要包括影响生态空间布局的重点生态功能区;影响农业空间布局的农产品主产区;影响城镇空间布局的重点城镇、工业主导型城镇、超大及大城市、国家级新区等。通过logistic回归模型,可以得到各评价因子及控制性因子对各类现状空间的影响程度及正反面影响。

空间转化概率的计算在驱动因子(自变量)与现状空间(因变量)之间影响关系研究的基础上,剔除对现状空间影响不显著的驱动因子,建立logistic概率选择模型来计算每个空间格网的空间转化概率。概率选择模型,如式5-2所示。

$$P_r = 1/\left(1 + e^{-\left(\beta_0 + \beta_1 X_1 + \beta_2 X_2 + \cdots + \beta_n X_n\right)}\right) \qquad \text{(式5-2)}$$

式5-2中:

P_r——某一类空间的空间转化概率。

本次研究以现状三类空间作为因变量,以四类评价结果(评价因子)和控制性因子作为自变量,现状空间与评价因子、控制性因子的不同组合,形成了不同的规划情景,构建logistic回归模型,计算得到不同情景下每个空间格网的三类空间转化概率。该结果能够清楚的掌握三类空间转化概率值在空间上的分布情况,对国土空间的布局具有一定的指导作用。

二、空间优化规则

国土空间规划的重要目标是得到城镇、农业、生态三类空间,因此,在优化过程中要不断的以优化目标值为约束,以优化规则为原则,判定各空间格网最优的空间类型。

(一)四类空间划分

本次研究认为国土空间规划所明确要求划分的三类空间仅考虑了三类用地性质明确的空间类型,满足了基础性的功能空间需求,没有充分考虑未来社会发展导致的空间扩展问题。因此,为保证社会经济活动的"不确定性"发展过程的需要,本次研究将国土空间划分为四类空间,分别为城镇空间、农业空间、生态空间和弹性空间。前三大类空间是为了满足各个空间的功能需求,而弹性空间主要用于满足未来三类空间的扩张需求。

弹性空间的划定能够满足未来不同的规划目标,且为空间的扩张留有余地,有利于区域空间格局的局部调整,解决区域空间协调问题,促进可持续发展。城镇空间是人类居住生活、公共服务、各类产业发展、基础设施建设集中区域,足够的城镇空间为区域社会、经济、政治的发展提供了空间载体,有利于满足人们的生产生活,促进区域产业的发展与扩张,推动地区文化的形成与发展。农业空间是农业生产、生活、农业基础设施建设地承载区域,充足的农业空间是保证区域食品供应的基础,是坚守国家粮食安全底线的体现,同时也有利于推动区域经济的发展。生态空间是承担生态服务、保护生态环境和维护生态系统功能的区域,以自然生态为主,充足的生态空间是保证区域生态环境良好,维持区域生态系统平衡的基础,其有利于协调区域社会与自然的关系,是区域坚持绿色、可持续发展的重要表现。

弹性空间,社会经济活动具有不确定性,则国土空间的利用类型亦有不确定性,其不确定性在空间上的数量表现即弹性空间。

本次研究中,弹性空间即各类空间转化概率较低且混杂的区域,这些区域具有摇摆性,是未来城市扩张、农业发展、生态保证的一个缓冲区,弹性空间一般为一般生态区或一般耕地区与城镇交错的区域,既有部分生态保护或农业生产的价值,又具备一定的开发条件,作为未来城镇空间的扩展区域,可以根据具体的时代需要,将其作为城镇空间进行适当的开发利用。各类空间的空间划定依据及其空间管控。

(二)空间优化规则

在社会主义生态文明建设的时代背景下,坚持安全优先、底线管控的原则,坚持全域统筹、用途管制的原则,坚持节约集约、绿色发展的原则,坚持以人为本、协调发展的原则,坚持刚柔并济、弹性优化的原则等五大总原则。在此基础上设定有序推进原则、开发管制原则和总量控制原则作为具体的空间布局优化规则,通过优化规则能够准确有效的优化协调各类空间,促进生态文明建设。在总量控制原则中又包含就大原则、就近原则、节约集约原则、政策导向原则等原则作为总量控制原则的辅助调控规则。

在空间优化当中,优化目标值是控制三类空间总量的目标值,决定着最终划定结果中三类空间的面积比例。该目标值从规划文本中获取,用于控制三类空间的空间面积占比。比如,城镇空间面积占比、农业空间面积占比、生态空间面积占比。

优化规则,指为了使国土空间的布局更加的科学、合理,所设定的一系列用于调整各类空间的布局数量与布局方向的规则,求解每个空间格网的空间类型最优解,使整体空间格局达到最优。本次研究所设定的优化规则主要有开发管制原则与总量控制原则。

各优化规则通过ArcGIS软件中模型构建器形成各种操作简单、利用方便、运算效率高的计算模型,大大提高了空间优化的速度。合理的空间开发管制有利于减少城镇过度扩张带来的环境破坏、资源浪费等问题,从而协调区域人与自然和谐平衡,促进绿色发展、可持续发展,在空间规划中明确划定了用于保护生态环境的生态红线保护区和用于进行粮食生产的永久基本农田保护区,这些区域的用途不可改变,是坚持生态文明建设、保证国家粮食安全的底线。为了将这部分用途固定、不可任意变更的区域划分出来,设置了开发管制原则,将现状地表开发管制区中禁止性开发区域(即生态红线保护区、永久基本农田保护区)强化用途管制,严禁任意改变其原有用途,杜绝不适宜区域发展的开发建设活动。

空间规划布局的意义在于协调各类空间的布局与面积总量,满足不同的时代需求。不同的规划时期,具有不同的规划目标,对于各类空间的需求也各不相同,因此,为了满足不同的规划需求,设定总量控制原则来控制和协调各类空间的面积占比,使各类空间的面积比例能够达到时代要求。

总量控制原则通过使用各类辅助调控规则确定各类空间网格数量,确保满足优化目标值。其中辅助调控规则包括就大原则、就近原则、节约集约原则和政策导向原则,优化目标值包括城镇空间占比、农业空间占比和生态空间占比。

(三)研究总体框架

本次研究的总体框架主要分为两个部分,空间转化与空间优化。空间转化中,主要通过对现状空间、控制性因子的选择,结合评价因子形成三种不同的规划情景,构建 logistic 回归模型,对三种情景进行动态模拟,计算得到不同情景下每个空间格网的三类空间转化概率;空间优化中,主要通过所设定的空间布局优化规则对空间转化所得到的结果进行空间优化,判定各空间格网最优的空间类型,最终形成空间格局,见图5-1。

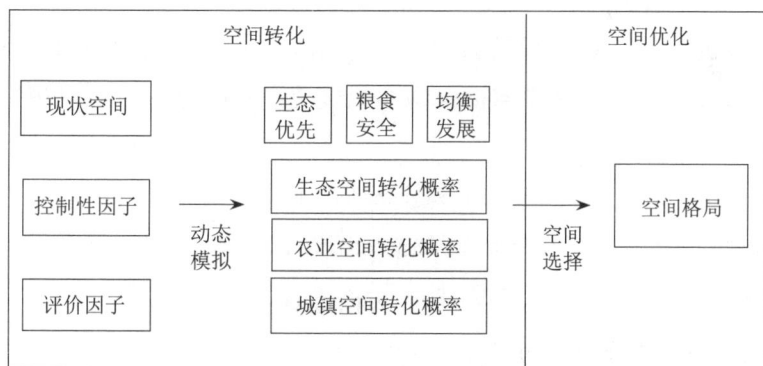

图5-1 研究总体框架图

第三节 空间转化

一、因子的获取

空间转化因子指在进行空间转化中所应用到的各类因子,主要分为三类,即现状空间、控制性因子和评价因子。不同的因子在空间转化中所起作用不同,以下将分别对其进行介绍。

(一)现状空间

现状空间是以土地利用现状分类数据为基础,将其提取到空间格网上形成城镇、农业、生态三类现状空间,是 logistic 回归模型中的因变量。

(二)控制性因子

控制性因子是对各类规划文本进行全面分析后,提炼具有空间偏向性、空间范围性及政策导向性的因子,这些因子具有相对稳定性,不会随时间的变化而产生较大变化,如重点城镇、工业主导城区等具有相对稳定性,短时间内不会有变化或变化较小,为 logistic 回归模型的自变量并在空间优化中辅助空间布局优化。控制性因子可以根据实际需求自行添加。

控制性因子通过 ArcGIS 数据处理技术将其与具体的空间范围相结合,形成具有一定空间表征能力的空间 0、1 图层,从而参与到各情景下的 logistic 回归运算,计算各空间格网的空间转化概率。

(三)评价因子

根据国土空间规划要求进行的国土空间开发适宜性评价、资源环境承载能力评价,除此之外本次研究针对耕地和建设用地增加了耕地质量等别评价和建设用地利用效率评价,并将四类评价结果作为 logistic 回归模型的自变量。

二、空间转化多情景模拟

空间转化多情景模拟是在现状空间的基础上，结合控制性因子与评价因子，明确未来发展目标与方向，模拟三种情景下每个空间格网向不同空间类型转化的概率，形成各情景空间转化概率分布图。空间转化多情景模拟主要由情景设定和转化概率计算两部分构成。

（一）情景设定

控制性因子及现状空间的选择：根据生态空间、农业空间和城镇空间设定与其相对应的三种情景，分别为生态优先、粮食安全和均衡发展情景，根据各情景的空间偏向性选择与其相符的控制性因子及现状空间。以下为不同空间偏向性的控制性因子和现状空间供决策者选择。可供选择的控制性因子无法满足决策者需求时，决策者可根据控制性因子的获取构建方法添加新的控制性因子。[1]

模型参数形成：根据各情景所选择的现状空间和控制性因子，将现状空间作为 logistic 回归模型的因变量，将控制性因子结合四大评价因子作为 logistic 回归模型的自变量，形成完整的 logistic 回归模型，为计算各情景下空间转化概率做准备。

（二）转化概率计算

本书研究的最小研究单元为 1km×1km 的空间格网，为了便于模型的计算，需要将决策者选取的控制性因子、现状空间及四大综合性评价因子的值分别通过 ArcGIS 的提取技术，提取到研究区域内各个空间格网上。在此基础上通过 logistic 回归模型计算得到各情景下各空间格网的空间转化概率。

（三）确定影响权重

确定影响权重即确定模型参数选择中所选控制性因子及综合性评价因子对各类现状空间的影响关系，因此将各类不同因子引入 logistic 回归模型中，分别判断各因子对各类现状空间的布局影响。现状空间包括城镇空间、农业空间、生态空间，分别将各种类型的空间变量处理

---

[1]王开泳.珠江三角洲都市经济区的空间组织[M].北京:知识产权出版社,2016.

为二分类变量,即通过将三种空间类型与其相对应的所选定因子分别通过 logistic 方程确定影响权重,为后续反馈方程的建立奠定基础。回归方程表达式,如式 5-3 所示。

$$L(P) = \beta_0 + \beta_1 X_1 + \beta_2 X_2 + \cdots + \beta_n X_n \qquad (式5-3)$$

式 5-3 中:

0——(不是该空间)进行表示;

1——(是该空间)进行表示;

0——不是城镇空间;

1——代表是城镇空间;

X_1 X_2 X_n——各情景下所选取的控制性因子及评价因子;

β_0 β_1 β_n——影响各类空间的各种因子的权重值。

不同类型的空间变量与所选因子在进行 logistic 方程回归运算时,logistic 回归模型其自身也进行了回归系数检验、显著性检验、拟合结果等对回归结果具有验证作用的验证过程,未通过检验的自变量将被抛去,从而使回归结果的准确度得到了保证。

(四)空间转化概率计算

logistic 回归是一种广义的线性回归分析模型,常用于数据挖掘、数据模拟、人口预测等领域。通过上一步 logistic 回归分析,我们可以得到各个参与运算的自变量的影响权重,从而可以基本掌握因变量主要受哪些自变量的影响。同时还可以根据各自变量权重值的正负及大小判断各个自变量对因变量的影响程度及其正反面影响。

因此,将各类现状空间(城镇空间、农业空间、生态空间)作为因变量,模型参数选择时所选取的控制性因子及评价因子作为自变量,根据 logistic 回归建模的要求,其回归模型构建原理如下:logistic 回归模型首先所应具备的即假设每一空间格网都具备不同的离散选择项,即构成离散选择模型,而在离散选择模型中最为重要的是选择集的界定。选择集的界定即要求样本集中的每一单独样本所面对的选项是一致的,而其中的样本即是指在空间上的每一个单独的空间格网。如式 5-4 所示。

$$A_i = \left(A_{1i} \cdots A_{ri} \cdots A_{ji} \right) \qquad \text{（式5-4）}$$

式5-4中：

A_{1i}, A_{ri}, A_{ji}——将离散选择结果；

I——样本；

J——给定的选择。

离散选择模型中每一个样本面临众多的选择，其最终的选择取决于选择集中效用（吸引力）最大化的那个选项。因此，选择集中的第r个选项当且仅当满足以下条件时才会被选中。如式5-5所示。

$$U_{ri} > U_{gi} \, g \neq r, g = 1 \cdots, j$$

$$U_r = \sum_1^n \left(w_a * X_{ra} \right) \qquad \text{（式5-5）}$$

对于样本i来说，选择r的效用比选g的效用更大，其中g代表选择集中除r以外的其他所有选择项。

式5-5中：

U_r中的r——吸引力；

w_a——自变量；

a——权重值；

X_{ra}——是r自变量a取值。

logistic回归模型是一种具有随机性的概率选择模型，因此空间类型面对不同的空间格网选项都具有一定的概率，行为样本为某一类空间类型时，其选择A空间格网的概率为45%，B空间格网的概率为30%，C空间格网的概率为25%。在各空间格网具有竞争性的前提下，对空间格网选择就会以概率来决定，如式5-6所示。

$$P_{ri} = prob \left[U_{ri} > U_{gi}, g \neq r, g = 1 \cdots, j \right] \qquad \text{（式5-6）}$$

式5-6中：

P_{ri}——样本；

i选择r时——概率。

logistic模型中还需要充分的考虑随机因素的影响，因此在模型中还需要考虑误差或扰动项的影响，以此来反映未被发现的相关属性。

最终即得到了相应的概率模型如式5-7所示。

$$P_r = 1/\left(1 + e^{-g(x)}\right)$$

$$g(x) = w_x + w_1 x_1 + w_2 x_2 + \cdots + w_n x_n \qquad (式5-7)$$

式5-7中：

P_r——各空间格网向某一空间类型转化的概率；

x_0, x_1, x_2, x_n——自变量即通过了显著性检验的控制性因子或评价因子；

$g(x)$——因变量即现状空间中的某一类空间；

w_0, w_1, w_2, w_n——各自变量的权重值，表示自变量对因变量的影响程度，值越大说明自变量对因变量的影响程度越大。

通过利用logistic回归模型对各情景下的因变量和自变量进行分析计算，得出因变量（现状空间）与自变量（各类因子）之间的影响关系，并求得每一个空间格网在空间尺度上向不同空间类型转化的概率值，从而形成各情景下的空间转化概率值分布结果，为下一步的空间优化提供数据输入。

第四节 空间优化

一、原则

生态文明下，国土空间规划也顺应时代发展不断地优化调整，国土空间布局优化将以生态文明作为其出发点与基点，以实现人与自然和谐平衡，社会经济的可持续发展、绿色发展为目标。因此，设定空间优化的总原则。

（一）坚持安全优先、底线管控的原则

生态安全、粮食安全是我国国家安全体系的重要组成部分，是国家社会经济可持续发展的保障，对加快生态文明建设具有重要意义。该原则即要求以"双评价"为约束，将目标、问题、治理导向结合，优先

将研究区域有关生态安全、粮食安全国土空间进行布局优化,切实保证区域的生态、农业空间的安全,促进区域人与自然和谐共生。

(二)坚持全域统筹、用途管制的原则

全域统筹有利于保证资源的合理利用,满足不同区域的生态保护与经济社会发展,是促进区域协调发展、可持续发展的保障。加强用途管制,合理安排土地的保护、开发和整治,是形成科学、适度、合理的国土空间布局体系重要途径。该原则要求加强区域各空间的统筹与协调,加强用途管制,提升区域空间治理能力和水平。

(三)坚持节约集约、绿色发展的原则

坚持节约集约、绿色发展是生态文明建设的重要战略任务,是建设美丽中国,促进人与自然和谐发展的重要途径,指明了我国走向社会主义生态文明的方向。该原则即要求将资源的节约集约利用摆在更加重要的位置,追求国土空间利用的高效率,寻求绿色发展的新途径。[①]

(四)坚持以人为本、协调发展的原则

"以人为本"是我国科学发展观的核心,"协调发展"是社会主义国家重大战略之一,实现国土空间之间协调、人与自然的协调是加快生态文明建设、促进可持续发展的重要途径。该原则要求将人民的高质量、高水平生活目标作为空间布局优化的出发点,充分考虑社会经济发展目标与生态环境保护目标,协调区域各类空间规模、布局,促进协调、可持续发展。

(五)坚持刚柔并济、弹性优化的原则

将空间管制的刚性需求与未来扩展的柔性需求相结合,既满足了用地性质明确的三类空间,也为未来的空间扩展留下余地,有利于满足不同时代的目标与需求,实现顺势而行,促进可持续发展。该原则要求在用地性质明确的三类空间基础上划分出弹性空间,这类空间的

[①]刘新宇,张真,雷一东,等. 生态空间优化与环境治理:上海探索与实践[M].上海:上海人民出版社,2019.

当前土地用途和未来土地用途可以进行转化,以满足未来发展需要。

在总原则的基础上设定有序推进原则、开发管制原则和总量控制原则作为具体的空间布局优化规则,而在总量控制原则中又包含就大原则、就近原则、节约集约原则、政策导向原则等原则作为总量控制原则的辅助调控规则。

本书空间布局优化的最小研究单元为1km×1km的空间格网,各个空间格网都具有三个空间转化概率,即生态空间转化概率、农业空间转化概率、城镇空间转化概率,这些转化概率均为空间格网图层上的属性字段,因此,在进行空间格网的空间布局优化时,主要通过运用ArcGIS中的叠加分析、字段计算器等技术结合空间优化规则求解每个空间格网的空间类型最优解,得到生态、农业、城镇和弹性四类空间,实现空间格局的布局优化。

根据所设定的各类空间优化规则,进行空间优化选择:A类空间,是规则中的刚性管制空间。利用开发管制原则将不适宜建设开发区内的空间格网进行空间类型划定,划定出生态空间A、农业空间A;B类空间,是用地性质明确的三类空间。

以优化目标值为判断条件,以有序推进原则控制优化顺序,政策导向原则控制优化方向,以就大原则、就近原则控制优化数量,在剩余格网中判定生态空间B,直至生态空间B+生态空间A大于等于生态优化目标值。采用同样的判断方式,在剩余格网中判断农业空间B,直至农业空间B+农业空间A大于等于农业优化目标值。对剩余的格网,在就大、就近原则的基础上加入节约集约原则继续进行城镇空间的判断,直至城镇空间小于等于城镇优化目标值。

C类空间,是"弹性空间",这类空间的当前土地用途和未来土地用途可以进行转化,以满足未来发展需要。在剩余格网中,三类空间转化概率值均较低且差距不大,将其直接划定为弹性空间。

二、有序推进原则

结合生态文明建设的时代背景,遵循规律,合理安排时空格局,在对研究区范围内剩余格网进行空间布局优化时,按照生态空间、农业空间、城镇空间的顺序依次进行空间划定,即当已划定生态空间的占比满足总量控制原则中的生态优化目标值后再进行农业空间的划定,以此类推,直到将所有空间格网的空间类型划定。

(一)开发管制原则

合理的空间开发管制有利于减少城镇过度扩张带来的环境破坏、资源浪费等问题,从而协调区域人与自然和谐平衡,促进绿色发展、可持续发展。开发管制原则指将现状地表开发管制区中禁止性开发区域(即生态红线保护区、永久基本农田保护区)强化用途管制,严禁任意改变其原有用途,杜绝不适宜区域发展的开发建设活动。

开发管制原则即将开发管制区图层与空间格网图层进行叠加,开发管制区图层所覆盖空间格网均不适宜进行城镇开发建设。空间格网的空间类型划定如下:永久基本农田保护区所覆盖的空间格网直接划定为农业空间,即为农业空间A。生态红线保护区等所覆盖的空间格网直接划定为生态空间,即为生态空间A。永久基本农田保护区与生态红线保护区重叠区域的空间格网,优先将其作为永久基本农田保护区进行保护,因此也就将其划定农业空间,即农业空间A。

(二)总量控制原则

不同的规划时期,具有不同的规划目标,对于各类空间的需求也各不相同,因此,为了满足不同的规划需求,设置总量控制原则来对空间格网的空间类型划定进行总量控制。总量控制原则是使用各辅助调控规则确定各类空间网格数量,确保满足优化目标值。根据本次研究的反复试验,将5%作为优化目标值的增、减量值。

已划定生态空间、农业空间面积满足以下公式即为满足优化目标值如式5-8所示。

$$S \leqslant S \leqslant S + 0.05 \times S \qquad (式5\text{-}8)$$

已划定城镇空间满足以下公式即为满足优化目标值如式 5-9所示。

$$S - 0.05 \times S \leqslant S \leqslant S \qquad (式5\text{-}9)$$

（三）优化目标值

优化目标值是控制三类空间总量的目标值。该目标值从规划文本中获取，用于控制三类空间的空间面积占比。优化目标值在形成时具有等级属性，可表现为省级、市级、区县级，其作用力度区县级＞市级＞省级。

（四）辅助调控规则

总量控制原则的使用是在开发管制原则的基础上进行，即对剩余格网进行调控总量控制原则对三类空间的空间面积占比进行限定，而具体对空间格网的空间类型进行调控的规则为就大原则、就近原则、节约集约原则、政策导向原则。

就大原则，指将空间格网中，转化概率最大且大于百分之 n 的空间类型，作为该空间格网的空间类型，使用范围为剩余格网。空间格网为空间上的图层，各情景下的空间转化概率为该图层的空间属性，因此就大原则在 ArcGIS 字段计算器中用 Python 函数表达如式 5-10 所示。

$$IF\left(Max\left(Prs,Prn,Prc\right) == Pri\right) And\ Pri >= n\%:return\ Pri \qquad （式5-10）$$

式 5-10 中：

Prs——生态空间转化概率；

Prn——农业空间转化概率；

Prc——城镇空间转化概率；

Pri——三类转化概率中的一种；

n——数值，根据优化目标值的不同，n 会相应变化。

就近原则，以某一个未划定空间类型的空间格网作为中心形成九宫格，与其相邻的八个空间格网中，某一类空间类型的比重大于等于 50%，则将这一空间类型作为该空间格网的空间类型，使用范围为剩余格网。就近原则在 ArcGIS 字段计算器中通过 Python 函数表达如式 5-11 所示。

$$if\left(X \geqslant 50\%\right):return\ X \qquad （式5-11）$$

式5-11中：

X——某一类空间类型（城镇空间、农业空间、生态空间）在九宫格中的数量占比。

节约集约原则，指用地相对集中，投入产出效益明显的地区优先布局城镇空间。通过计算每个空间格网内建设用地的地均固定资产投资与地均地区生产总值的比值来判断每个空间格网的投入产出效率，使用自然间断点分级法将所有空间格网的效率值分为高、中、低三级。剩余空间格网中，效率值高的空间格网优先划为城镇空间。

政策导向原则，指响应国家、省重大战略，在进行空间优化时，优先划定国家或省级重大政策所涉及范围内的剩余格网。即利用具有空间偏向性、空间范围性及政策导向性的控制性因子，将控制性因子图层与空间格网图层叠加，优先对各情景下所选控制性因子覆盖的剩余格网进行空间类型划定。

在总量控制原则中，优化目标值控制了三类空间的空间格网划定总量，政策导向原则影响了三类空间优化的空间方向与布局，而就大原则、就近原则和节约集约原则从空间格网的数量调控上进行空间布局优化。

第六章 我国国土空间规划的管理体制

第一节 我国国土空间规划管理体制的基本内容

主要讨论我国国土规划的发展历程、具体的编制内容、原则和方法,但限于资料的限制,对于我国国土规划管理体制的研究,主要以土地利用规划作为研究对象。

一、我国国土规划管理体制的发展历程

(一)发展之前国土规划管理体制

国土规划管理体制集中体现为20世纪的社队土地利用规划。20世纪中后期,我国在土地改革和农业合作化的基础上,根据农业集体化生产的需要进行了农业生产合作社和人民公社的土地利用规划。规划的主要内容有:社、队之间飞地、插花地的调整。社、队内部土地利用结构的调整和用地配置。山、水、田、林、路的综合治理措施。

(二)发展之后的国土规划管理体制

根据国家工作重心转到经济建设上的需要,在全国11个完成土地利用块状调查的县中,选择集贤、光山、眉山、康平四县,进行县级土地利用总体规划试点,并拟订了县级土地利用总体规划要点,以县为单位的土地利用现状调查成果为规划基础,规划以满足县域社会经济发展的用地需求为目标,规划内容主要为调整土地利用结构和布局。颁布了《中华人民共和国土地管理法》,其中规定"各级政府要编制土地利用总体规划",以法律条文的形式规定各级政府是编制各级土地利用总体规划的职责主体。国家土地管理局成立,内设土地利用规划

司,主管土地利用总体规划工作。国务院办公厅批转国家土地管理局"关于开展土地利用总体规划工作的报告",在全国范围普遍开展国家、省、地(市)、县、乡(镇)五级土地利用总体规划工作。[①]

在我国的30个省、自治区、直辖市中,完成并报国务院审批的有15个,正在编制的有13个,只有两个市、区尚未开始;在336个地区和地(市)级中有50%的地(市)完成或正在编制,在2800多个县级行政区中,约有40%的县级单位已完成或正在编制规划,乡级土地利用总体规划一般结合县级土地利用总体规划进行。

(三)我国国土规划管理体制变迁的特征分析

我国国土规划管理体制,在三次政府机构的改革中,从无到有,逐步发展,已初步建立一个基本适应社会主义市场经济体制的国土管理制度。第一,国务院机构改革中,从基本不管,到责成部门管理土地,这是一大进步。第二,国务院成立独立于各部门的国家土地管理局,负责全国土地和城乡地政的统一管理,从部门共管到统一管理,又是一大进步。第三,党中央、国务院决心用世界上最严格的措施来管理土地、保护耕地,在国务院增设自然资源部,负责土地、矿产和海洋等资源的规划、利用、保护和管理。从全国土地的统一管理,发展为从陆地到海洋、从土地到矿产的国土资源统一管理,这更是土地管理制度的一大飞跃。

从我国国土规划管理体制三次大变革中可以看出:第一,社会主义的国土规划管理体制不仅在改革中诞生,且有力地促进了社会、经济的改革和发展。经济体制和政治体制改革的深化发展,也要求国土规划管理体制进行同步改革、发展。改革越深,国土规划管理体制的职能越加强,管理机构越升级、完善,这也充分显示国土规划管理体制是政府依法行政不可缺少的重要职能;第二,党中央、国务院逐次加强国土规划管理体制,改革国土规划管理体制的首要目的是保护耕地,因此,保护耕地是国土规划的头等重要任务;第三,国土规划管理体制总是和完善土地立法同步进行的,依法行政在土地管理中,具有特殊

[①]李春梅.我国国土规划的管理体制问题研究[D].哈尔滨:东北农业大学,2010.

重要的地位。

目前,在我国现代已初步形成了一个"三维"统一的国土规划管理体制。一是地域覆盖面,是全国土地和行政区全部国土统一管理,包括城乡土地和地政的统一管理。二是业务管理的纵向上,从国土调查、统计、评价等基础业务,从地权管理、利用管理到土地征用、供给等全面业务,均由政府管理部门统一管理。三是从中央到地方基层政府的上下垂直方向,各级政府都设置了国土管理部门,统一行使国土管理行政职能。又进一步将土地、矿产、海洋等国土资源的管理职能,相对集中到一个政府部门(自然资源部)统一管理,这更是进一步深化改革国土规划管理体制的良好基础。

二、我国国土规划的内容、层次及编制原则

(一)我国国土规划的基本内容

我国国土规划主要根据社会经济发展的需要和国土资源的条件及其利用状况,具体确定规划期间,辖区国土利用的目标和任务。国土规划内容主要是保障农业和整个社会经济的发展对土地的需求,提出保障上述需求的关键措施。

根据国土规划的目标、任务,对各部门用地的需求量进行预测和综合评估,通过调整土地利用结构和布局,确定各种用地的面积和配置。步骤如下:配置基本农田保护区、各类建设用地区(城镇建设区、独立工矿区、开发区、工业小区)和建设用地区外的重点工程项目用地(如铁路、公路、机场、水库等)。土地利用分区:将上述以外的用地(一般采取土地利用分区的办法),书面表示各区土地利用结构,各类用地面积,不再在图上和地上分别表示各项用地的具体位置和面积。制定实施规划的措施:包括组织、政策、经济和工程技术等多项措施。

(二)我国国土规划的层次体系

国土规划是一个多层次的规划体系。其编制和实施与行政管理体制密切结合,以保证各级人民政府行使管理土地的职能,因此,国土规划按行政区划体制分级编制。根据分级管理的原则,规划按行政区

域分为国家、省(自治区、直辖市)级、地(地区、管辖县的市)级、县(县级、市、区)级和乡级5个层次。在各个层次之间,还可以根据需要,按自然区划或经济区域,进行跨省的、跨市县、跨乡(镇)的区域国土总体规划。

不同层次需要解决的问题不同,规划的内容也不一样。上一级规划是下一级规划的依据和指导,下一级规划是上一级规划的基础和落实。规划编制采取自下而上和自上而下相结合,也可采取两级规划同步编制。在上级规划未编制时,下级可根据需要和当地实际情况先行编制本级规划,并把规划成果及时向上级反馈。

全国和省级国土规划是国土利用宏观控制和计划管理的指导性战略规划,土地利用比较单纯的地区,也可不制定地区规划,只需将省级规划的指标细分到县、市的规划并和城市规划相协调;县级规划是宏观与微观相结合的规划;乡级规划是实施规划的基础,其重点是把县级规划中提出的各类用地规划指标细分到村,甚至落实到地块。

(三)我国国土规划的编制原则

我国人多地少,所以,国土规划的首要重点是保护基本农业用地,特别是耕地。尽可能地扩大农业利用的土地面积,建立优质农业用地保护区、高产农田保护区和菜地保护区,保证在一定的土地生产率条件下,全国用于农业生产的土地面积能基本满足社会对农副产品的需求,而且布局合理。

协调原则。社会对土地的需求是多方面的,但土地资源有限性和使用的排他性(即确定作某种用途后,就不能同时作其他用途),使得我国这样一个人多地少的国家出现了多部门、多方面对土地的需要和现有土地资源提供的可能性之间的尖锐矛盾。只有在统筹兼顾、全面安排下,各部门用地进行充分的协调,才能保证国民经济有计划、按比例地发展。充分协调要在正确处理局部利益和整体利益、当前利益和长远利益的关系上以及综合利用土地资源等前提下得到统一。

因地制宜、从实际出发原则。我国的地域辽阔,土地类型多样化,不同地区的土地具有不同的特点和适宜利用的形态,土地的自然条件和社会经济条件差异较大,需要解决的国土利用问题也不尽相同。因此,各部门、各地区在进行国土利用规划时从实际观点出发,在规划内容及其深度和方法上,因地制宜,求得土地利用的最佳方案。

兼顾社会、经济、生态综合效益原则。人们在利用土地时,固然要追求宏观经济效益,但使用土地不仅限于生产,还要满足生活和其他方面的要求,所以,对土地的利用不仅要考虑物质生产的经济效益,还要考虑各种非物质生产部门具有的一时无法用经济效益来衡量的社会效益。为了确保人类生存和土地的永续利用,人类在土地利用过程中还必须考虑生态效益。因此,经济、生态、社会三效益相统一原则,为编制国土规划的重要原则之一。

部门和公众参与原则。国土规划涉及全局和各部门的利益,只有取得各有关部门和广大群众的理解和支持,才能获得有效的实施和良好的效果。为此,编制规划不是几位专家所能完成的事,它必须吸引各有关部门的参与,广泛听取基层干部和群众的意见,对有关问题要经过充分讨论和协商,力求意见统一。这样做的好处是:能够纠正、补充或防止规划中可能出现的错误或遗漏,有利于解决产业间的用地矛盾,使规划有广泛的社会基础,有利于规划的有效实施。

注重规划的实施原则。国土规划不仅要提出未来发展的安排和设计,而且要研究土地利用的调控机制,提出实现规划可能采用的途径及其政策措施,分析各种政策、措施可能产生的后果,并从中找出最适宜的方案。这个方案不一定是最佳方案,但却是一个能为各方面都能接受、可以实现的方案。所以,规划要重视政策和措施的研究。规划的成功与否,取决于规划方案实施的可能性。

三、我国国土规划的编制程序

(一)准备阶段

组织准备,成立规划领导小组及其办公室,领导小组一般由政府主管领导任组长,吸收有关部门代表和专家组成,主要研究规划的重大决策和协调部门用地需求。办公室是工作班子,一般由土地部门负责,吸收有关部门和专家参加,具体负责规划的编制工作。

制订工作计划和技术方案,对规划任务、经费、人员和分工,工作进度,规划主要内容、方法、手段、步骤、成果要求等做出规划。

资料搜集、整理土地的社会经济和自然条件数据,土地利用数据等。

(二)编制规划阶段

编制规划是在资料的整理和分析、土地利用现状分析、土地适宜性评价和土地需求量预测等专题研究的基础上,根据上级规划控制指标以及有关国民经济和社会发展计划的要求,结合当地实际情况,确定规划的目标和方针;确定土地利用结构和布局方案,进行土地利用分区,提出各区的土地利用方向和整治措施;编制各类用地规划平衡表;分解下达下一级规划的各类用地的控制性指标;制定实施规划的政策和措施;编制规划送审稿、规划说明书和规划主要图件,如土地利用现状图和土地利用总体规划图等。在编制规划阶段,一般要形成几个替选方案,经过论证、评选后确定正式方案。

分析土地利用现状是在一定自然、社会经济条件下,对某一地区各类土地的不同利用方式及其组合所做的分析。其目的在于总结该地区土地利用的经验教训、土地利用变化规律及目前土地利用存在的主要问题,为土地评价和编制规划方案提供依据。土地利用现状分析的内容如下。

土地利用现状分析:主要运用多年来土地统计数据来分析各类地面积、土地利用结构的变化规律及其原因。共有下列几个部分。第一,各类土地面积的变化:中华人民共和国历年耕地、土地面积及城镇、工矿等各类用地面积的变化。第二,各类土地人均占有面积的变化。第三,土地利用变化的历史规律,农业结构调整中退耕面积、各类建设占用耕地面积,开荒、复垦面积的变化。第四,农业用地质量的变化。

土地利用结构和布局分析:研究土地利用结构和布局,通常采用与自然条件相似的其他地区比较的方法,经过比较,容易发现合理程度及问题。结合土地利用结构分析,要对各种用地质量进行分析,如针对耕地着重于分析耕地中二级地类的面积及所占百分比、高中低产田比例、水资源、灌溉情况、主要农作物种类占用耕地面积比例、人均、劳均耕地面积、耕地的地域分布情况、本地区种植业发展的制约因素及解决途径等。

土地利用充分程度分析:在分析时,一般通过一些指标进行计算、列表和比较。常用的指标有:土地垦殖率、土地利用率、土地农业利用率(农业用地面积占土地总面积的百分比)、复种指数、森林覆盖率、草原载畜量、水面利用率、土地利用集约度等。

土地利用效果程度分析:包括经济、社会和生态等效果的分析。a.经济效益指数,主要有土地生产率,即指土地在现有利用水平(或投入水平)下土地的生产能力,如单位面积的产量、产值,净产值或纯收入等;b.社会效果指标,主要用土地利用保证率、人均收入水平及人均占有量等指标表示;c.生态效果指标,主要是分析该地区土地利用中是否充分利用了自然环境条件、是否改善了环境条件。

在分析研究的基础上,总结出当地自然、经济条件的优劣之势,包括在土地利用经济效益、生态效益、社会效益等方面的主要成绩和存在的主要问题。如果上一级土地利用总体规划已完成,当地土地利用目标和任务已确定,遵循已定的目标和任务进行土地利用现状分析。

土地需求量预测根据社会经济发展的需要,在分析影响土地利用的各种因素的基础上,预测规划期间各产业用地需求量和总用地规模。土地需求量预测是调整土地利用结构,合理安排各项用地的依据。分为部门预测和土地管理部门预测。一般以部门预测为基础,土地管理部门主要是对部门预测的结果加以检验、补充和协调。土地需求量预测的期限和规划期限相一致,可以在规划期内分阶段预测。

土地利用结构和布局调整方案:以核定初步的部门用地为基础,土地总供给量为控制,调整用地结构,力求总需求和总供给的平衡。根据调整后的结构,调整土地利用布局。土地利用结构和布局的反复调整,达到新的土地利用结构、布局和新的土地总需求和总供给之间的平衡。一般要求制订2—3个待定土地利用结构和布局的调整方案可供选择。听取有关成员的意见,听取公众、专家和部门对规划方案的意见,通过公布、展览和开论证会等形式听取意见。

(三)规划成果的送审、报批和实施

国土规划报告编制完成以后,要履行审批手续,形成一个规范性文件。根据审批程序,规划(送审稿)必须经各级人民政府审查批准。地方性土地利用总体规划须经地方同级人民政府审查通过后报上一级人民政府批准执行。县级土地利用总体规划完成后由省级土地管理部门主持技术验收和鉴定,根据专家提出的意见进行修改,再把规划主要成果(总体规划图和报告)转交县人民政府和县人大常委会通过,并报送上一级人民政府审批,同时报送省土地管理部门备案,最后由县人民政府正式公布实施。经过批准的总体规划报告便成为具有法律约束力的正式规划。它既是各个部门利用土地的准则,又是各级土地管理部门编制中期和年度土地利用计划、审批、监督土地使用的依据。经过批准的规划应向群众公布并广为宣传,取得人民的支持,以利于规划的监督实施。

四、我国国土规划的编制方法和成果

(一)我国国土规划的编制方法

国土规划一般要采用从总体到局部由上到下,逐级进行的基本方法。也就是说,上一级规划应是下一级规划的控制、指导和依据,下一级规划是上一级规划的基础和落实,凡是涉及总体性的项目要先安排,并作为局部项目布局的控制和指导。

目前,我国全国国土利用总体规划的编制早于省级、市(地)级的规划编制。针对这一情况,各级土地利用总体规划的编制,还可以采取两级规划同步编制,或者采取自上而下和自下而上相结合的方法。规划编制的手段应广泛地应用系统工程的理论与实践,并编制适用于各地区条件的计算机程序或软件。

（二）我国国土规划的主要成果

规划成果包括规划文件、主要图件及附件。规划文件包括规划送审稿及规划说明（或送审稿说明）。

规划送审稿：送审稿是政府的法规性文件，要求文字简练、准确，避免论述性、说明性文字。其主要内容包括：概况；土地利用现状特点和存在问题；土地资源的适宜性和利用潜力；土地利用的目标和方针；土地利用分区；用地指标的平衡和调整；重点建设项目用地配置；规划实施的效益；实施规划的措施等。

规划说明：亦称送审稿说明，它是对规划的具体解释。其主要内容包括：规划编制过程；编制规划的目的、原则和依据；关于土地利用现状分析、土地适宜性评价、土地需求量预测等专题研究方法的说明；关于土地利用目标和方针、土地利用分区、用地指针调整、重点建设项目用地配置等规划内容的说明；规划方案的可行性论证和综合效益评价等。

（三）规划主要图件

包括土地利用现状图、土地利用总体规划图。图件比例尺：省级1∶200000—1∶1000000，一般为1∶500000；市（地）级为1∶100000—1∶500000，一般为1∶200000；县级为1∶25000—1∶100000，一般为1∶50000；乡级一般为1∶10000或1∶5000。规划附件包括专题研究报告、部门用地预测、其他图件及有关的现状和规划资料等。

第二节　我国国土空间规划管理体制存在的现状及外部约束

一、国土规划的法律地位尚未确立

发达国家普遍重视国土规划工作，并努力结合本国国情，制定了有关国土规划的一系列法律、法规，对土规划的程序、国土规划的制定机构、国土规划的体系层次及法律效能等内容进行了严格规定。但我国国土规划工作重视不够,出现了人员和机构涣散的局面,尽管国家计委颁布了《国土规划编制办法》和《全国国土规划纲要(2011—2030年)》等政策文件,对国土规划的组织领导、规划目的、作用、规划内容、编制方法及规划的审批和实施等做出了初步的规定。

时过境迁,这些政策文件面对国内外政治经济环境急速变迁、经济全球化及可持续发展的影响,部门间用地冲突协调、跨区域建设协调、农业发展瓶颈、国土保护问题以及新兴产业用地需求扩大的解决机制等问题,已显得无能为力了。

但我国目前尚未形成完整的国土规划法律体系,缺少类似于国外《国土综合开发基本法》性质的高层次法律,造成了国土规划的立法滞后,其结果是区域发展模式雷同,产业特色不明显,缺少全国一盘棋的统筹安排。

(一)规划理念和内容未能适应可持续发展的要求

我国国土规划理念上强调配合经济发展的需求,对于国土的规划一切以开发建设为重,却忽视了开发对环境造成的影响,以至于造成生活环境质量低落,污染严重的问题。而且各部门各自追求自己发展,并未考虑在国家的发展政策下互相支持协调。随着科学发展观的提出,越来越多的规划开始涉及社会、文化和生态环境问题,但不少规划涉及资源环境保护、公共服务、公益事业等安排,通常较为空泛,缺乏可操作的具体措施。[①]

(二)国土规划与其他空间规划相混淆

目前,我国的空间规划处于"三头共管"的局面,即住房和城乡建设部主管城市规划、国家发改委主管区域规划、自然资源部主管国土规划。这种空间规划管理体制导致规划缺乏协调和实施不力;反映在基层层面常发生规划打架,各种规划之间相互矛盾、彼此冲突,令地方政府无所适从,规划难以得到执行和实施。

如土地规划部门划定的沿海生态保护区,在区域规划中却将沿海

---

①欧阳志云,杜傲,陈尚,等.中国国家公园总体空间布局研究[M].北京:中国环境出版集团,2018.

工业区也划在此地。这些问题与我国空间规划的三头管理现状有着一定的关系。因为各主管部门都从各自职能出发要求层层落实,其结果就是从上到下一以贯之,各种规划都不分层次地全国、省、市、县、乡层层编,最后以至于在城市就出现了针对同一城市空间,不仅有城市总体规划,还有国土规划甚至区域规划,由此带来的规划内容重复和空间重叠问题可想而知。

二、国土规划管理机构混乱

中央及省级各政府部门各自为政,割裂了国土资源的统一体系,使原本应属一体的国土规划工作无法充分协调与配合。市县没有专责规划及执行机关,形成"上面千条线、下面一根针"的尴尬局面。在国家层面,全国国土规划纲要尚未编制,但近年来有关部门却组织编制了许多涉及空间开发利用的规划,如主体功能区规划、城镇体系规划、区域发展规划、海洋功能区划、生态功能区划、土地利用总体规划、重大基础设施规划、矿产资源规划、旅游资源规划等。各类规划之间也不同程度地出现了职能不清、内容重叠,甚至互不协调等问题,影响到规划的科学性和执行力。在地方和区域层面,各地近年来编制了大量规划,但受地方利益和部门行业利益影响,这些规划在内容和职能上的重叠交叉、矛盾冲突更加严重。据有关机构统计,有的省份编制的省级各类规划多达100多个,其中不少规划存在内容重复、安排冲突等问题。尤其值得注意的是,许多地方规划缺乏国家规划控制,加之地方保护主义严重,只注重眼前利益和局部利益,助长了重复建设、恶性竞争和资源环境破坏,有的不惜损害相邻地区利益。

缺少跨行政区国土规划,一些重要流域、大都市连绵区、城镇群地区、海岸带地区以及重要资源富集地区,在开发建设部署上缺乏统筹规划,各自为政,加剧了资源浪费和环境恶化。

(一)国土规划的调控作用有待强化

我国资源环境瓶颈约束日益严重,空间开发布局无序问题日益突出,城镇和工业发展空间过度扩张,基础设施重复建设问题日益凸显。

相关规划对国土空间开发利用的统筹和管控作用未能有效发挥作用。全国人口城镇化水平由20.2%上升到44.9%,同期城市建设用地面积却增长了4.4倍,这主要是地方政府随意扩大城市规划建设用地规模,同时也与缺乏上一层次的国土规划、相关规划调控不力直接相关。各类开发区随意设立、基础设施盲目重复建设等现象普遍存在,也反映出规划的空间统筹和管控作用有待加强。

(二)国土规划欠缺民众参与机制

我国国土综合开发计划、市县发展规划与其他专门规划(如:农业发展规划等),均缺乏民众直接参与机制,导致欠缺民意基础,使土地开发及变更与市场机制有所出入,造成民怨;国土规划完全由相关事业主管机关办理,不但没有民众参与,也缺乏地方政府直接参与,导致日后在推行各项实质建设计划时,无法充分获得地方政府的认同与支持,增加计划施行的难度,甚至导致群众的利益冲突。

三、我国国土规划管理体制调整的外部条件约束

(一)全球化与区域经济一体化

全球化时代的来临,信息普及与交通便利,国际资源快速流通,全球经贸环境在世界贸易组织(WTO)的机制运作下,已相当程度地促成了全球市场的开放与整合,新的国际生产分工体系与贸易流向逐渐产生,各国在生产要素禀赋或比较利益的竞争下形成全球产业价值链的移动。一个国家必须从国际和地区的角度调整社会经济发展战略,必须从全球的角度对资源的开发利用、城镇体系建设、产业布局等进行科学的规划。

研究表明,经济全球化进程导致国土规划的不确定性增大,地域边界弱化,职能中心迁移,运行的市场化程度提升。因此,类似于烧"多孔煤"的规划模式已经很难适应。必须施行规划战略取向、规划控制模式、规划编制方式和规划实施策略的一系列变革。在国土规划中适时地引入治理的理念操作,能在某种程度上应对规划失效,更好地适应新的规划环境。面对新的规划环境,国土规划的模式设计必须重

视国家干预和市场机制的适度结合,重视公众参与和政治参与的有机协调。

(二)气候变迁下的环境冲击

全球持续暖化所引发的气候变迁,引起干旱、水患及水土流失等灾害,导致国土及民众生命安全风险大增。因此,必须积极加强气候变迁的预测、评估与应对能力,以了解并降低气候变迁的冲击,强化防灾、减灾、救灾与避灾的能力,并且落实、正视国土监测及规划的重要性。如何在国土空间策略发展中,落实环境生态保护,达到环境资源可持续发展的目标,是国土规划工作所面临的重大课题。

我国产业能源密集度高,经济快速增长与资源大量消耗之间存在矛盾,资源浪费和环境污染现象较为突出。新一轮国土规划首先应以自然地理环境、地质条件、人口经济基础等评价因子为基础,对资源环境承载力进行评价分析,在此基础上对国土资源开发、利用、整治和保护等进行中长期发展的战略部署。为达到二氧化碳减量目标,未来在生产、生活、生态建设中推动节能减碳、发展绿色能源、绿化造林等措施,将成为未来国土空间发展中的重要工作。

(三)城市区域竞争与合作

我国主要的经济潜力区域是由沿海、香港与台湾所组成的中华经济圈。其中,长江三角洲的上海城市区域、珠江三角洲的香港城市区域以及台湾所围成的经济区域,更被界定成为21世纪东亚经济成长最重要的黄金三角。从城市发展的趋势来看,大城市因握有全球运筹能力而跃升为世界城市,周边资源不断向中心集结而形成大都会区,更甚者会成为"城市区域"(City—Regions),对其影响范围内的产业及人才输入影响甚大。这就要求国土规划通过跨区域治理机制平台的形成,创造空间资源的有效整合。

在现行中央与地方二级治理的架构之下,资源竞争与同质化发展,常导致城乡发展的规模与特色不足,以往区域合作机制未能完善建立并发挥城市竞争的优势,以至于在城市的经济规模与差异化发展上难以跨出国门、参与国际竞争。未来国土规划要导入区域合作治理的概念,加强区域内城市之间的深度合作,夯实城市群基础,让大城市真正大起来;以城市圈为着力点,让中城市真正强起来;挖掘城市带潜力,让小城市真正特起来。

(四)全球在地化(glocalization)的特色

在全球化浪潮的冲击下,世界上各城市在其形态、实体建设、制度规范、市民行为等方面已日趋相近,因而更凸显在地文化特色差异的重要性,即在地文化是城市保持其独特性与竞争优势的核心价值,一个城市的伟大,不在于其傲人的硬件建设,而是其所具备的吸引力与凝聚力,这种力量其实是来自城市特有的文化特质与质量。打造城市独有品牌,让"全球"与"在地"趋势并进,使得越有在地特色的城镇,越具备国际竞争的条件。因此,各国近年来积极推动全球在地化(glocalization)政策,虽然大环境受到全球化影响,然而地区意识逐渐觉醒,进而发展成为一股足以抗衡全球化的重要力量。我国近年来上至中央、下至地方乡镇,无论从公共建设、地方产业、城乡风貌或社区总体营造等各方面,积极投入各类资源,塑造在地特色,但城市竞争力的提升是复杂且多方面的,如何将城市独特的文化更进一步反映、融合与固化于城市景观、建设、产业、居住环境及市民的认同感中,从而提升其城市幸福感,仍需要国土规划做进一步努力。

(五)信息技术与网络化

信息与通信技术突飞猛进与宽带网络技术的日趋成熟,网络传输速度将更为快速,应用范围也更为广泛,造就无所不在的网际网络社会。这对人类的经济、社会、文化与空间发展均产生革命性的影响,并且改变人们的行为与生活模式,弹性化、虚拟化与个性化作为生活模式应运而生。信息基础设施建设与相关应用等已成为城市与国家竞争力的重要评比项目,因此,未来如何持续建构优质化的信息社会,并从国土规划、都市建设、社区发展,展现信息化数字生活所带来的优质、健康、便利、舒适与可持续生活环境,将成为一大挑战。

(六)资源区域分配中效率与公平的均衡

鉴于政府治理效能仍待提升、公权力不彰,加之跨域、跨部门及跨功能的整合发展与治理机制未能有效建立,政府整体资源分配效率与公平均不足。在争相实现"率先"发展的思路引导下,尤其是在我国现行行政管理体制下,地区间的利益冲突和摩擦越来越强烈,区域差距矛盾越发突出:不顾大局的地方利益通过各种手段对抗宏观调控政策;一些地区争当"老大"导致严重的基础设施重复建设;地方政府"以邻为壑"、为实现自身利益最大化而侵害全局利益;运用行政权力对本地市场设置进入壁垒、对本地资源设置流出壁垒,各地方间展开激烈的资源和市场争夺。

中国目前没有形成完善的区域制度,行政区域划分框架不能适应区域管理的要求,区域管理手段残缺不全,缺乏有效的监督与评估机制。这些问题的解决需要很长时间,国土规划的制定必须考虑到上述问题,并与之相妥协,否则一个看似完美,但不适应中国国情的国土规划是没有意义的。

四、土地资源及土地管理体制的现状分析

我国人口众多,土地资源严重不足,因此,土地资源科学合理地应用十分重要。但普遍存在土地资源被荒废以及土地利用不科学等现象,而土地管理体制也不够健全,这使得土地资源利用率极低,土地资源浪费较为严重。

(一)目前我国土地资源的利用现状

随着我国经济科学的不断发展,人民的生活水平也越来越高。然而城市中的多数劳动力投入工业化建设中,工厂劳动人员迅速增加,这种情况直接导致城市国土土地的荒废。目前我国城市的建设越来越快,但人们缺乏对土地资源合理规划并利用的能力及认识,城市建设时对城市的统一规划工作不到位等一系列的原因导致了城市建设时土地资源的利用不够科学,从而使得土地资源的利用率较低,存在严重的土地资源浪费现象。

(二)我国土地管理体制的发展历程及现状

土地管理体制的主要目的就是对国家的土地资源进行统一规划，合理安排并利用我国有限的土地资源,将有限的资源发挥最大的社会经济效益。目前我国的土地管理体制是由新中国成立初期的地政局逐渐演变而来。地政局当初工作的主要内容是负责中华人民共和国的土改工作。地政局被取消,土地管理的工作由农业部门、水利部门、城市建设部门接替,这直接导致了土地管理混乱无章的局面。我国才成立了土地管理局对我国的土地资源进行统一管理与规划。我国正式成立自然资源部,我国的土地资源管理才逐渐趋于成熟。

目前我国现代的土地管理体制分为土地权属制度安排与土地管理组织机构两方面。根据土地管理法规定城市的土地资源都归国家所有。土地资源归自然资源部统一负责与管理,各个省、市、县、村镇等都设有相应的土地资源管理部门,并规划了各个部门管辖的土地资源范围。我国目前实行的土地资源管理制度是随着经济社会的发展不断进化而来的,该体制也满足了我国土地管理的基本要求,粮食基本能够满足国内的需求,近年来粮食产量越来越高,还解决了其他国家一部分人口的温饱问题。虽然我国耕地资源能够生产足够的粮食,但我国人口较多,城市人口密度非常高,而近年来城市建设的进程也越来越快,随着人们对生活质量的要求不断提高,人们对空间资源的要求也越来越大。国土资源管理体制虽然能够基本满足土地利用的需求,但该体制本身就存在许多问题,其还未将土地资源的利用率最大化。因此,改善土地管理体制以最大化地利用土地资源,减轻土地资源紧缺的现状十分重要。

五、土地资源管理体制中存在的问题

(一)土地资源主权不明确

土地管理法明确规定我国土地资源归社会主义人民公有即土地所有权实行社会主义公有制。社会主义公有制分为社会主义集体所有制与社会主义全民所有制。社会主义集体所有制指土地资源由集

体或组织对其进行管理,社会主义全民所有制指走社会主义道路的国家代替全国人民管理并拥有土地。

然而,现代社会中土地资源的所有权变得越来越模糊。国家代替人民执行土地的权利得不到落实。一些地方为了增加该地区的经济收入以加快该地区的经济建设而公开买卖城市土地。这些现象的发生都是由我国的土地资源主权监管及约束力度不够而引起的。

(二)城市土地的规划缺乏科学性

近年来我国城市建筑工程越来越多,非法占用土地资源,未经土地管理部门审批通过的违规建筑也越来越多。城市间的盲目攀比之风也日益盛行,于是城市中一些没有实际意义的形象工程建设越来越多,城市的基础建设不受城市土地管理部门重视,导致城市的基础设施的土地占用不够科学,而城市建设时土地管理部门也忽视了城市土地资源的整体规划,以至于城市建设杂乱,造成了大量的土地资源浪费。随着我国工业化进程的加快,用于耕种的土地越来越少,而房屋建设、工厂建设等用地面积却呈逐渐扩大的趋势。并且越来越多的城市人口投身于工业化建设中,从而导致城市国有土地没有足够的劳动力进行耕种,导致土地浪费现象非常严重。

(三)土地资源管理体制不够完善

我国土地实行省以下直管土地的政策,该政策实行的主要目的是加强国家对土地的管理,解决当时较为严重的土地占用的问题,而该政策的实施虽然在一定程度上解决了上述问题,也使得国家对土地资源的管理更加集中,但该政策也导致了地方土地管理部门对土地资源管理消极,从而使得土地管理再次陷入混乱的局面。地方土地管理部门一度以自己土地管理权力有限为借口对城市中的非法占有土地的现象不予制止,从而使得该体制下城市国有土地仍然有所减少。还有我国的征地制度,征地制度的根本目的是加强土地资源的管理力度,减少土地资源的浪费。

因此,我国的征地制度等土地管理制度被认为是世界上最严厉的,然而这号称最严厉的土地资源管理制度也未能达到其原本目的。城市国有土地资源被占用、土地非法占有、土地低卖高买等现象仍然存在。因此,想要充分利用好我国的土地资源就必须建立科学健全的土地管理制度。

(四)土地资源的监管力度不足

人们节约土地资源的意识不够。目前我国土地管理体制中只是指出土地资源管理的条例,没有明确规定侵占土地、浪费土地资源的法律责任。人们也没有意识到土地资源的宝贵,特别是城市国有土地资源。土地资源管理不力,再加之土地责任制度没有落实,于是人们随意使用城市国有土地资源,将城市国有土地用于工业化建设,使得城市国有土地面积越来越少。

而城市建设时,土地资源管理部门没有落实土地管理工作,土地资源监管力度不够,致使城市建设中大量的建设都未进行土地规划与安排,有的城市建设甚至没有得到当地土地管理部门的许可而进行非法建设,而土地管理部门对于出现的土地非法使用等问题也未进行严格的管理及整治,有的甚至放纵这些违法现象的发生。

要解决这些问题首先就要制定详细具体的土地责任制度,土地管理部门需要加强土地资源的监督工作,对于出现的土地占用及浪费现象要严厉惩处。

除此之外还要从小教育人们土地资源节约的意识,让人们意识到我国的土地资源紧缺的现状。增强人们节约土地资源的意识,充分利用有限的土地资源。

第三节 各国国土空间规划管理体制比较与借鉴

考察世界各国的国土规划现状,可以发现一个国家如果其人口与土地的关系越紧张,则会越重视国土规划,如日本、荷兰等国因人口密度很高,都相当重视国土规划,也已建立完整的规划及管理体制,并均有全国性的国土规划。通过对相关国家国土规划管理体制的经验研究,可以为我国制定国土规划管理体制提供积极的借鉴意义。

一、日本国土规划管理体制基本情况

日本国土规划与管理政策之目标:随着经济的快速成长、产业结构变化,日本人口、产业快速往都市集中,形成都市土地问题,都市周边农地、林地泛滥开发,使都市无秩序发展,加上全国性土地投机、地价暴涨,为解决上述有关土地问题,日本政府决定将国土综合开发与土地交易管制结合,制订"国土利用计划法",在其第二条规定"国土乃现在与未来国民之有限资源,生活生产各项活动之共同基础,国土利用应以公共福祉为优先,保育自然环境,并考虑地域之自然、社会、经济及文化条件,以谋求确保健康、文明的生活环境及国土均衡发展"。

都市改革、土地利用及金融上的管制放宽,使得全国地价急剧暴涨,日本在修正国土利用计划法,并制定"土地基本法",提出日本国土管理基本理念及土地政策的基本目标。

土地应以公共福祉为优先;应依规划合理计划土地利用;抑制投机性土地交易;应就土地增值利益做适当调整。其中"土地基本法"第三条明确规定,土地应配合其所在地区之自然、社会、经济及文化等条件而为适当利用;并为谋求适当且合理的土地利用,应遵循国土规划。

(一)日本国土规划与管理体系

现行日本国土规划体系,由国土综合开发计划与国土利用计划两个体系所构成,而且,这两个体系同时并立。日本国土综合开发计划就其种类而言,可分为:全国综合开发计划,都府县综合开发计划,地方综合开发计划,特定地域综合开发计划。[①]

截至2022年,日本制定了全国综合开发计划及多个特定地域综合开发计划,都府县综合开发计划及地方综合开发计划并未制定。

---

① 张胜敏. IUCN保护地分类体系及其对中国的启示[D]. 武汉:中国地质大学(武汉),
2012.

1.规划层次

全国综合开发计划;都府县综合开发计划;地方综合开发计划;特定地域。

2.规划范围

全国地区;都府县;在自然、经济、社会、文化等具有密切关系的地域,如跨越两个以上的都府县辖区;资源开发尚未完成的地域,灾害防治区域。

3.规划拟定机关

内阁总理大臣与各有关行政机关长官;经国土厅长官与建设大臣协议,内阁总理大臣咨询于国土综合开发审议会,指定特定地域。

4.规划内容

基本方针目标,为了达成上述目标所必需的事业计划的概要;制定都府县综合开发计划;制定地方综合开发计划;指示资源开发、灾害防治或建设以及整治等,规定特定地域综合开发计划之基本方针、大纲及有关事业计划。

(二)日本国土利用的计划

审议通过的日本国土利用计划法,提出有关国土利用的行政方针,以指示将来实现的国土利用状况,其种类有三:规定关于全国区域土地利用基本事项的"全国计划",规定各都道府县区域内土地利用必要事项的"都道府县计划",规定各市町村区域内土地利用必要事项的"市町村计划"。

全国计划:由内阁总理大臣制定全国计划草案,征求内阁会议的裁决。全国计划规定的事项主要有:有关国土利用的基本构想,配合国土利用目的的区域规划目标,各区域的概要,为达成前项所列事项所需措施的概要。

都道府县计划:依照政令的规定,对各都道府县辖区内有关国土利用的必要事项,制定都道府县计划。其制定必须以全国计划为基础。

市町村计划:依照政令的规定,对各市町村辖区内有关国土利用的必要事项,制定市町村计划。在制定市町村计划时,如已制定都道府县计划者应以都道府县计划为基础,同时必须符合地方自治法所制定的基本构想。

二、德国国土规划管理体制基本情况

德国国土规划与管理政策目标:德国制定了"联邦空间秩序法(简称ROG)"作为国土规划的最高指导方针,并且作为各联邦政府从事土地利用规划的法律基础。依德国联邦空间秩序法的规定,德国国土规划的目标是"应能保障给予居民,并且使之继续拥有一个健康的生活及工作环境,均衡的经济、社会与文化条件"。

对应联邦空间秩序法提出的联邦空间秩序方案的规定可知,国土规划的终极目标是"透过住宅建设及公共设施的改善,环境质量的改善以及经济结构的改善,使全德地区的人民均能拥有相同而均衡的生活条件"。

(一)德国国土规划与管理体系

德国的国土规划体系,依行政区域范围的大小、规划性质的不同,由上而下分成四个层级,并且各层次的规划均有其法律依据与法定地位,各阶层的计划能相互配合与补充,从而构成严谨的规划体系,建立起良好的上下级规划的配合关系。其体系依次为:联邦空间秩序方案、各邦的邦发展方案计划、区域计划或地区发展计划、都市计划(建设引导计划);各层级规划所依循的法律,分别是联邦空间秩序法、联邦自然保护法、各邦的邦规划法、邦自然保护法、景观法,建筑法典。

(二)德国联邦空间规划

德国联邦政府并未拟定全国性的国土规划,而是以联邦空间秩序法、联邦空间秩序方案及联邦自然保护法等法律为基础,指引全国的人口、产业活动、公共建设在空间上做合理配置,自然景观与生态环境的维护,以达成空间秩序规律化与景观环境质量改善。

联邦空间秩序法:联邦空间秩序法规范了全国各层级土地利用规划,规定全国性及各邦级国土规划的目标与原则,各级规划应与联邦特别措施的配合、部门计划与联邦空间开发政策产生抵触时的协调、空间规划咨询委员会的组成、各级政府机构参与及提供资料的义务、主管机关应定期向国会报告空间开发政策执行情形等。

联邦空间秩序方案:联邦空间秩序法的规定过于简要,联邦议会于是制定联邦空间秩序方案,主要内容为:订定实施空间开发政策的策略,将全境划分为38个规划区域,并按其发展程度预测未来发展趋势,挑选基本设施不足、就业机会缺乏,或两者皆有的问题区域,建立促进国土整体发展的成长中心及成长轴等。

联邦自然保护法:此法属一种纲要性、原则性的基本法律,有赖于各邦视其特别的目标而订定自然保护法方能执行。其主要内容为:各乡镇应实行个别的乡间计划。对于大自然与乡间地区的无谓干扰应予以避免。应设置特别保护区及保护对象。对稀有野生动、植物物种的保护。人们有权前往乡间游憩观光。自然保护团体的通力合作以影响重要决策。上述的法律规章,仅提出国土综合开发、自然保护与环境维护的目标原则,至于计划的施行,则依赖于各邦政府、地方政府拟具下级计划承接配合。

(三)各邦的空间规划

第一,邦规划法:规划要项大致包括赋予各邦所定发展方案与计划以及邦境以内的区域计划的地位、任务及权限。规定前述三项计划或方案的拟定程序。规定前述三项计划或方案的研拟机构组织。明确邦政府的各部门计划、各县市或乡镇计划的拟定,有配合邦发展计划、区域计划和规划设计的义务。

第二,邦发展方案与计划:"邦发展计划"是在联邦空间秩序规划法、邦规划法的规制之下,各邦政府根据邦发展方案,拟订各部门的实质发展计划。内容包括:健全都市体系与空间结构、建立发展中心与发展轴、重大建设区位之指引、自然生态保护区之划定等。邦发展计划是超越部门与地区的综合性规划,为各邦建设发展的最高指导原则,是各级政府的施政依据。

第三,各邦境内的区域规划:所谓"区域规划"或"地区发展计划"

为各邦境内部分地区的综合性计划,根据邦规划法、邦发展方案、邦发展计划所指示的发展政策与构想而拟订,其主要的目标在于:确立都市体系中心市镇的功能、改善生活与空间环境、改善中心市镇及游憩地区的交通设施与服务品质、划定自然资源保护区、改善农林业生产条件与农产结构等;而其重要功能则在协调邦内各部门计划与县市或乡镇计划之间得以相互配合,以避免发生冲突。

三、荷兰国土规划管理体制基本情况

(一)荷兰国土规划与管理政策目标

荷兰地狭人稠,平均人口密度为每平方千米441人,土地的稀少性问题是荷兰最大的社会及政治问题之一。荷兰的国土规划以实现三大土地政策功能为目标,促进经济发展。荷兰地狭人稠,易使得地价升高,提高经济发展的用地成本,影响产业经济的竞争力,因此,要适时、适地依相关计划开发,提供适当的土地,促进经济发展。住宅福利建设:荷兰政府视"为所有居住于荷兰的人提供适当的住宅"为其重要的责任,已为荷兰宪法所明文规定。

(二)自然环境保护

经济快速发展及人口增长现象,带来的社会经济状况、交通运输、土地权属、都市与工业发展及土地使用规划的变迁,无形中造成改变土地使用型态的压力。因此,如何适度地因应经济发展需要、调整土地使用型态,使各类土地使用达到一定程度的平衡,保护自然资源、保证生态可持续发展,是为主要目标之一。

(三)荷兰国土规划与管理体系

荷兰的国土规划体系分为中央、省及市镇三级,规划系统的内涵有:中央级规划,中央政府制定全国规划报告、结构性纲要构想及结构性纲要计划,三者为荷兰综合发展计划体系中的法律文件,以约束中央及地方政府相关单位的施政。全国规划报告主要提出全荷兰空间发展政策的原则;结构性纲要构想是一种中、长远荷兰空间发展构想,呈现未来荷兰城乡发展的愿景;结构性纲要计划为一部门的空间发展

计划,共有民生及工业用水供应、电力供应、交通运输、水路、农村规划、自然景观保育、户外休憩、都市空旷场域、军事训练基地、油管、渔港等十一种。

(四)省级规划

省级规划主要负责区域计划,为荷兰全国规划法授予省职权,展现其空间政策的最主要工具。内容包括:概述计划范围内最具发展潜力的地区及其发展次序,有关区域计划内省的空间政策的研究及各方意见的综合结果。

(五)市镇级规划

市镇级政府负责最基层的空间计划,分成结构计划及土地使用计划。前者内涵包括:说明未来具有发展潜力的地区及开发次序;有关结构计划的相关研究及各方意见的综合结果。后者包括:①说明各使用土地分区的使用目标。②土地使用计划说明书。③土地使用指导规定。④修订未来土地使用计划的原则。⑤土地使用计划相关的研究及各方反映意见的综合。为确保其能落实,一般土地使用计划皆附有财务可行性分析,并依法须由地方议会审查通过,取得执行财政预算的许可。

四、国外国土规划管理体制的经验借鉴

(一)国土规划管理政策目标的明确性

各国国土规划与管理政策目标或有明确规定,或者尽管无明确陈述,但有详细的法律体系。各国国土规划目标的形成多以解决当时社会、自然、经济的问题,并以勾勒未来国家的空间秩序的蓝图,期望能配合国家的发展政策,提供人民"健康、安全的生活及工作环境,促进全民福祉"。

各国大都以立法形式,明确全国性国土利用计划或行动纲要的地位(日本、德国),或是以实质规划的说明书来督促全国性国土的利用计划(荷兰)。

(二)国土规划体系层级分明性

国土规划体系中上级计划应为下级计划的指导计划,下级计划承上衔接上级计划的目标,落实于国土的空间秩序的建立。

1.日本

因其国土规划体系杂乱,国土利用计划体系与全国综开计划体系的关系复杂,规划范围似有重叠,难以厘清。除此之外,尚有各区域及大都市圈的开发促进计划(如:首都圈整备计划、近畿圈整备计划、东北开发促进计划、大阪湾临海地域建设计划等)与国土综合开发计划重叠订定。

2.德国

德国由上而下可分成全国、区域、地方三层次,虽未拟定全国性土地规划,但制定联邦空间秩序法,揭示空间规划的目标与基本原则,供次级规划有所依循,而空间规划及县市或乡镇的建设引导规划,分别订定邦规划法、建筑法典,并制定了区域计划、建设引导计划,因此,各上下级计划间,可以督导协调,相互配合。

3.荷兰

荷兰也是由上至下的规划与执行体系,分中央、省及市镇,有全国的规划报告、结构性纲要构想、结构性纲要计划,区域计划,市镇级的结构计划及土地使用计划,严密详细而明确地界定了土地开发使用的计划。

(三)国土规划的合法性

规划执行的依据,必是使计划合法化,规划推行时要具有约束下级的效力。纵观各国在三层级的规划体系下,有的另外制定法律,有的提出指导纲要计划,都明确了下级规划的性质、内容、协调关系等内容。

(四)国土管理体制的完整性与效率

国土规划是在考虑自然、经济、社会、文化等多方面的因素,使国土的开发与空间配置能配合国家发展政策,改善人民生活及工作环境。国土规划具体实行的成果维护,依赖于良好的国土管理制度。

第四节 完善我国国土规划管理体制的对策

国土规划的具体实现,依赖于明确的国土规划政策,坚实的国土规划法制基础,有效的执行机制。根据我国国土规划与管理问题的迫切性和相关对策的时效性和可行性,提出完善我国国土规划管理体制的中长期建议和短期性建议。

一、完善我国国土规划管理体制的中长期建议

(一)建立国土规划的基本理念

我国开始引入国土规划概念,但发达国家的国土规划的先进理念、科学方法等最精髓的东西实际上没有真正被应用起来,国土规划只能成为国民经济发展计划体系的一部分。为了不使"国土规划"沦为偏重物质建设的"开发"计划,必须建立国土使用的基本伦理。不能仅从经济的角度来看国土,将之视为财产,只享权利而不尽义务。

我们应将国土视为资源而非一般商品,虽然我们目前可以暂时拥有,但是必须加以管理以供将来使用:切莫损伤土地,更要避免滥用,因为滥用土地的结果是无法挽回的,我们不能只注意个体、短期的经济利益,而完全不顾总体长期的非经济利益。经济利益虽然关乎我们的生活,非经济利益却关乎我们的生存。所以,在从事国土规划工作时,必须先建立土地的伦理观念,发展和谐的人地关系。

我国正处于经济高速发展时期,对国土资源的开发利用强度是空前的,面临着资源供需矛盾激化、环境污染加剧、空间经济格局扭曲、地区间利益摩擦增多等问题。要解决这些问题,就必须开展国土规划工作。国土规划是政府宏观调控的一项重要职能,是促进合理开发,充分利用和保护国土资源、土地资源、矿产资源、水资源等的重要手段。它是协调区域经济、社会发展与人口、资源、环境关系的宏观规划。所以,国土规划工作不是可有可无,它是必须开展的一项重要基

础性工作。

(二)制定明确而具体的土地使用政策与目标

为了达成理想的国土规划,必须制定明确而具体的土地使用政策与目标。我国现阶段统筹城乡发展,以平衡区域发展为国土规划的目标,但是为了达到这一目标,应制定明确而具有现代观念的政策与策略。[①]

英国在"城乡计划法"中明白揭示其土地使用计划政策为:抑制都市的膨胀式发展,保护郊区与自然资源,建立自给自足平衡发展的新镇,防止零乱的土地开发,建立健全的服务中心,改善与发展高水平的社会与物质环境。

日本在四个阶段的"全国综合开发计划"中所揭示的主要政策为:防止都市过度扩大,缩小区域差距,谋求长期人与自然的调和,自然资源的永久保护与保存,提供国民安全而又高质量的居住环境。所以,在我国推动国土规划时,也一定要制定明确可行的土地使用政策。在制定政策时,除了它对国民收入的影响外,必须考虑自然资源开发与保护之间的平衡,都市与非都市地区的均衡发展,工业发展区位的选择,多目标使用之间的冲突与调和,维护合乎水平的空气与供水质量,文化历史遗迹的保存与保护以及社会总体与私人间开发成本的负担与利益的分享,世代之间福祉的均衡分配等问题。

(三)建立统一的国家层面的空间规划体系

建立统一的空间规划体系,是我国国土规划走向协调发展的根本举措,也是理顺各层次规划之间关系的根本基础。

建立统一的空间规划体系,以空间层次进行规划的合理划分是核心工作,要明确各层次规划的主要内容,明确上下级层规划相互之间的承接关系,并将空间规划体系与政府行政管理体系及其管理权限挂钩。因此,应加强理论和技术研究,构建符合中国行政体制、规划层次明晰、主体明确、体系完备的国家与地方上下对应的空间规划体系。

针对当前我国空间规划体系中最薄弱的环节,即国家层面综合性

---

①张彦英.国土资源管理咨询研究文集[M].北京:地质出版社,2015.

空间规划缺失,应重点理顺国土规划、区域规划和城市规划在国家层级的关系。

具体做法是,整合国土规划(当前主要是全国土地利用总体规划)、区域规划(当前主要是全国主体功能区规划)和城市规划(当前主要是全国城镇体系规划),实现三个规划合一,编制统一的全国综合性空间规划,彻底解决长期以来全国空间规划部门分割、统筹不力等问题。

(四)设置国土规划与管理的专责机构

国土资源有限,各种不同使用型态、需求相互竞争,国土规划的拟定更需要部门间相互折中、协调意见;国土规划事务的管理更需要整合各主管部门的意见,欲减少业务重复、权责不明的现象,必须设置专责机构。

目前,我国由自然资源部主管国土规划工作,但与住房和城乡建设部、发改委责任不清,职能重叠,而且它作为职能部门从事国土规划这一宏观工作,显然力不从心。在国家层面,理顺我国国土规划管理体制的现实出路主要有两条:一是实行空间规划的统一管理,将所有空间规划职能并入一个主管部门之下,即实现"大部制"管理。二是在三头管理的现行体制下,通过建立统一的空间规划体系,明确各部门相应的事权范围,避免规划空间上的重叠和内容上的交叉。不管采用哪条途径,规划业务要求专业性的人才和技能,应将规划业务与行政事务分开,统筹整合现有各机关的专业规划业务,由专业规划的机关系统化处理国土规划与管理事务机构。

(五)提供公众参与国土规划的渠道

公众参与是指社会群众、社会组织、单位或个人作为主体,在其权利义务范围内有目的的社会行动。其定义可以从三个方面表达:①它是一个连续的双向的交换意见过程,以增进公众了解政府机构、集体单位和私人公司所负责调查和拟解决的环境问题的做法与过程。②将项目、计划、规划或政策制定和评估活动中的有关情况及其含义随时完整地通报给公众。③积极地征求全体有关公民对以下方面的意见和感觉,包括设计项目决策和资源利用,比选方案及管理对策的酝酿和形成,信息的交换和推进公众参与的各种手段与目标。

"公众参与"是一种有计划的行动,它通过政府部门和开发行动负责单位与公众之间双向交流,使公民能参加决策过程并且防止和化解公民和政府机构与开发单位之间、公民与公民之间的冲突。

"公众参与"是发达国家规划工作的重要环节,公众参与并不仅指民间的投资与意见的沟通,而是要由规划机关主动地向公众提出沟通、说明、征求意见,并且忠实地将之纳入规划程序。公众参与要从规划起步阶段就要开始,而非于规划开始动工或完成之后方行告知。所谓公众,包括规划机关与相关部门之间的横向联系、协调与合作;也包括从中央到省市、地方以及民众的说明与意见的搜集。公众参与的做法很多,关键在于规划机关是否将它纳入规划程序,并且认真地实施。在规划管理与评估的决策程序理论中,公众参与是一项极为重要的因素。

二、完善我国国土规划管理体制的短期建议

(一)完善国土规划的法规体系

考虑到基于国土规划的性质、任务和作用,国土规划本身应该具备较强的权威性。所谓权威性,从核心说就是要确立国土规划的法律地位,即要将国土规划的编制和实施纳入一定的法律程序中。要对国土规划的编制、修订、审批、实施等诸环节以法律的形式做出具体规定。要进一步完善土地、矿产、海洋等自然资源的保护和合理开发利用和与生态环境保护等方面相关的法律法规体系;研究制定我国尚缺的《国土规划法》和《海域使用法》;修改完善与《土地管理法》《矿产资源法》和《海洋环境保护法》相配套的行政法规。同时要对违反国土规划基本法的法律责任认定做出明确的规定,保证国土规划基本法的严肃性和权威性。

通过立法,将国土规划体系中所包含的不同层次、不同类型的性质、主体、内容、方法以及从编制到实施的一整套基本程序做出原则性

规定；明确国土规划与经济社会发展规划、专项规划和城乡规划等各类规划的相互关系；为规划的审批、颁布、实施和修订提供法律保障。

(二)将国土规划转化为公共政策

国土规划的实施要靠政府、地方、企业和公民的共同努力，以增强地方自身可持续发展能力建设为主，如加快财税制度改革，摆脱土地财政，使国土规划的编制和实施成为地方政府的自觉行动。又如推进土地制度改革，建立城乡统筹的土地开发管理模式，优化区域空间结构，推进城镇化健康有序发展。

将国土规划转化为公共政策要制定相应的法律法规、行政政策、财政金融政策，加强规划的执行管理；制定和完善规划实施管理的配套制度和体制，并明确具体实施方案；制定有利于规划实施的经济政策和措施，有计划进行国土资源开发，基础设施建设投资；制定和完善有关资源开发收益分配的规定，采用经济手段制约滥占、乱用资源；制定不同的许可制度作为实施规划的强制性手段，如采取规划许可制、开发许可制、土地交易许可制、环境影响报告评价制等，加强政府的调控作用。

(三)国土规划要突出重点

国土规划要注重综合，但也不是事无巨细，无所不包的。要明确规划的重点，有所为、有所不为。对重点内容，要由虚变实，编制可操作、有效果的规划。对国土规划的任务主要应包括以下几个方面：一是确定国土开发利用战略。从国家经济社会发展的总体战略格局层次，阐述关系到整个国家和民族未来发展总趋势的重大空间发展问题，形成国家和各地区空间发展的战略意图，明确区域的战略地位、目标和重点等。二是做好区域功能划分。规划不可能对发展指标和项目等一并做出安排，但可以规定哪些地区可以开发，哪些地区要限制开发，哪些地区禁止开发，并做出明确的刚性约束。三是提出科学的规划目标和方案。合理确定重大国土开发、生态环境保护以及建设活动的空间布局、规模和结构，促进生产力布局、城镇化和基础设施体系协调发展。四是城镇和各类园区规模与布局，要按照区位、资源和环境条件,合理确定城镇和各类园区发展的规模、结构和布局,保障城镇和各类园区健康而有序发展。五是战略性资源的开发、利用和保护规划。六是重大基础设施工程布局。当然,不同层次、不同地区的规划任务和重点应该有所区别,层次越低、范围越小的规划针对性应该越强,可操作性也要越强。

(四)提升部门职能,突出资源管控

在当前阶段,以国土资源部门作为国土规划的主管机关是必然的,要根据国土资源部门对土地、矿产、海洋等重要资源的管控职能,统筹土地利用规划、矿产资源规划、地勘规划等各项国土资源专项规划,将国土规划作为具有相当高度和层次的部门综合规划,并将国土规划融入国民经济和社会发展的重点领域之中,将土地、矿产、海洋等重要资源开发利用规模、资源开发利用准入、综合利用效益时序性监管、空间布局和协调作为重要的规划着力点,科学明确国土资源部门在经济社会发展中的部门职能权限和定位范畴,提升土地利用规划、矿产资源规划的约束作用与地位。

在城镇规划、产业发展规划、生态环境保护规划、交通规划等重要规划之间,形成基于资源利用和保护的约束、协调、制衡机制,为促进建立多部门联合的共同责任机制和综合管理模式提供基础性指导。

(五)建立国土规划落实绩效考核制度

国土规划的落实通常分散于政府多个部门,导致部门利益冲突,规划执行互相扯皮。有的规划指标具有长期性、非经济性,落实结果绩效考核比较困难,导致基层政府有选择地落实规划指标,偏重实物量、经济性指标。所以,必须建立国土规划绩效考核制度。欲使国土规划绩效标准制度能够落实执行,需因地制宜,在地方政府的综合发展计划中明确订定,标准的建立要遵循各地区的政府、民众和利益团体对国土资源利用的共识,保存考核体系的弹性。

(六)加强国土规划国际交流和人才培养

鉴于近些年国土规划工作的进展缓慢,为了顺利推动中国国土规

划工作的进展,有必要加强国际交流与合作,并在此过程中有针对性地培养大批国土规划专门人才。在这方面可以采取的措施有:一是举办各类培训班。近年来,自然资源部已经邀请相关的国际知名机构和有关国家政府部门,在中国举办了国土规划培训班,并且反响较好。今后,应根据国内国土规划工作的需要,继续举办类似的培训班。二是选派专业人员到国外学习。要有选择地委派一些学者和研究人员到国土规划工作开展较好的国家,了解并学习这些国家较为前沿的国土规划理论、较为先进的国土规划管理体制以及较为实用的国土规划经验与方法。三是开展国土规划实际领域的合作。早在开展上一轮国土规划时,中国就与有关国家进行过合作,如中国和日本合作制定的海南岛国土规划方案就是一个成功的案例。今后应继续加强中外在实际领域的合作,如果可能的话,可以选取一些典型地区来共同编制国土规划。四是尝试建立国土规划合作机制。为了进一步推动与国外在国土规划方面的合作,应该尝试建立譬如定期对话等的合作机制。在这方面,国家发改委进行过类似成功的尝试,中国国家发改委与欧盟委员会签署了《区域政策合作谅解备忘录》,开启了中欧双方在区域政策方面的对话机制。

国土规划工作在合理利用国土资源、均衡国土开发、加强生态建设、促进经济发展、改善宏观调控等方面发挥了不可替代的作用。加强国土规划问题的研究,具有重要的理论和实践意义。我国目前正处于国家发展转型期,面对WTO与经济全球化趋势、产业升级、生活环境改善、生态环境保护、资源开发利用等交相错杂的发展环境,我国国土规划理念、国土空间结构与发展定位、国土资源保护、资源配置机制及开发利用指导方针等,有必要重新给予检讨调整,以提出一套符合国家未来发展愿景的规划蓝图,并健全我国国土规划体系。从我国国土规划管理体制三次大变革中可以看出以下问题。

第一,社会主义的国土规划管理体制不仅在改革中诞生,且有力地促进了社会、经济的改革和发展。经济体制和政治体制改革的深化发展,也要求国土规划管理体制进行同步改革、发展。改革越深,国土规划管理体制的职能越加强,管理机构越升级、完善,这也充分显示国土规划管理体制是政府依法行政不可缺少的重要职能。

第二,党中央、国务院逐次加强国土规划管理体制,改革国土规划管理体制的首要目的是保护耕地,因此,保护耕地是国土规划的头等重要任务。

第三,国土规划管理体制总是和完善土地立法同步进行的,依法行政在土地管理中,具有特殊重要的地位。

我国国土规划管理体制存在的问题主要表现为:①国土规划的法律地位尚未确立。②规划理念和内容未能适应可持续发展的要求。③国土规划与其他空间规划相混淆。④国土规划管理机构混乱。⑤国土规划的调控作用有待强化。⑥国土规划欠缺民众参与机制。

考察国外国土规划管理体制,可得到的经验借鉴是:①国土规划管理政策目标的明确性。②国土规划体系层级分明化。③国土规划的合法性。④国土管理体制的完整性与效率。

完善我国国土规划管理体制的中长期建议是:①建立国土规划的基本理念。②制定明确而具体的土地使用政策与目标。③建立统一的国家层面的空间规划体系。④设置国土规划与管理的专责机构。

提供公众参与国土规划的渠道,完善我国国土规划管理体制的短期建议是:①完善国土规划的法规体系。②将国土规划转化为公共政策。③提升部门职能,突出资源管控。④建立国土规划落实绩效考核制度。⑤加强国土规划国际交流和人才培养。

参考文献

[1]曹小曙,李涛.土地利用与空间规划丛书:经济发达地区土地利用与民众利益[M].西安:陕西师范大学出版社,2016.

[2]丁俊.珠江三角洲城市群工业生产空间的演变及影响机制研究[D].北京:中国科学院大学,2017.

[3]方从刚.信息技术支撑下的国土资源监管技术体系研究与应用[D].成都:成都理工大学,2013.

[4]靖学青.中国区域战略与上海转型发展[M].上海:上海社会科学院出版社,2018.

[5]匡垚瑶,杨庆媛,李佩恩,等.城乡结合部农村居民点布局优化研究进展[J].绿色科技,2017(06):183-187.

[6]李春梅.我国国土规划的管理体制问题研究[D].哈尔滨:东北农业大学,2010.

[7]林则夫,刘一博.循环经济与产业集群关系的理论与实证分析[J].北方经贸,2013(09):12-13.

[8]刘新宇,张真,雷一东,等.生态空间优化与环境治理:上海探索与实践[M].上海:上海人民出版社,2019.

[9]龙拥军.基于主体功能区的重庆市区域统筹发展研究[D].重庆:西南大学,2013.

[10]马海龙,杨建莉.新型城镇化空间模式[M].银川:宁夏人民出版社,2016.

[11]欧阳志云,杜傲,陈尚,等.中国国家公园总体空间布局研究[M].北京:中国环境出版集团,2018.

[12]王宏新,白智慧,勇越,等.中国国土资源信息化研究[M].贵阳:

贵州人民出版社,2010.

[13]王金岩.规划时空维度丛书:空间规划体系与空间治理[M].南京:东南大学出版社,2017.

[14]王开泳.珠江三角洲都市经济区的空间组织[M].北京:知识产权出版社,2016.

[15]王克强,谢同君.上海国土空间规划与土地资源管理优秀成果选编[M].上海:复旦大学出版社,2019.

[16]王兴平,石峰,赵立元.中国近现代产业空间规划设计史[M].南京:东南大学出版社,2014.

[17]巫云仙,张弛.全球化与中国经济(第3辑)[M].北京:首都经济贸易大学出版社,2016.

[18]肖金成,欧阳慧.优化国土空间开发格局研究[M].北京:中国计划出版社,2015.

[19]肖金成,申兵.我国当前国土空间开发格局的现状、问题与政策建议[J].经济研究参考,2012(31):15-26.

[20]徐磊.基于"三生"功能的长江中游城市群国土空间格局优化研究[D].武汉:华中农业大学,2017.

[21]张胜敏.IUCN保护地分类体系及其对中国的启示[D].武汉:中国地质大学(武汉),2012.

[22]张彦英.国土资源管理咨询研究文集[M].北京:地质出版社,2015.

[23]朱磊.国土空间规划下布局优化方法研究[D].成都:四川师范大学,2019.

[24]诸大建,等.可持续发展与治理研究——可持续性科学的理论与方法[M].上海:同济大学出版社,2015.